はじめに

その昔、私がまだ、イギリスをブラブラしていたころの話。パブで出会った地元の酔っぱらい中年たちと、きわめて小規模な世界平和についてどうのこうのと激論を闘わせていたときのことです。

何かの拍子に「ま、しょうがないね」と言おうとして、ふと言葉が止まってしまいました。「しょうがない」という気持ちを表す英語表現が、私の語彙力からスポンと抜け落ちていたのです。

「しょうがない」は、正確には「仕様がない」だけど、そもそも「仕様」って何なんだ？いや、ダメだ。表現を変えてみよう。同じ意味を表す違う言葉は、えーと……。焦っているのでさっぱり思いつきません。

それこそしょうがないので、その場ではアハハハハと笑って済まそうとしましたが、理屈っぽいイギリス人たち相手なのでアハハでどうにかなるわけもなく、その笑いはどういう意味なのか？と詰問され、アハハと笑い、さらに詰問され、アハハと笑い……と、まさに、意味不明な無間ループに陥っていったわけです。

本編32ページにも書きましたが、「しょうがない」は「Can't be helped」でOKです。このひと言さえ知っていれば、それで済んだのです。

はじめに

このように、普段われわれが日本語で日常的に多用するフレーズは、英語でもやはり頻出なのですが、改めて考えてみると「英語では何て言えばいいんだ？」となるものが数多くあります。

例えば、電車に乗れば、女子高生が「あの芸人、キモ過ぎて逆にうける〜」などと話しているのを耳にします。しかし、このように、普通の人が普段当たり前のように使う「キモい」や「うける」を英語に直しなさい、と突然言われたら、案外難しいのではないでしょうか。

そこで本書では、「誰もが知っていて、かつ、日常生活でも頻出の日本語なのに意外と英訳できない表現」を独断で100個厳選し、さらに楽しく覚えられるように、私自身の体験に基づいたマンガで解説しています。

どれもこれも、知っていて損はないフレーズばかりだと思いますので、気楽に学習していただけると幸いです。

海東鷹也

はじめに 2

好奇心旺盛な大学生がロンドンに留学！の章 6

- No.1「やったぜ！」 8
- No.2「勘弁してよ」 9
- No.3「もちろん」 10
- No.4「すごい！」 11
- No.5「冗談だよ」 12
- No.6「ブチ切れる」 13
- No.7「ようやく…」 14
- No.8「あきらめるな！」 15
- No.9「ぶっちゃけ…」 16
- No.10「いち、にの、さんでいくよ」 17
- No.11「場所をあけて」 18
- No.12「お願いがある」 19
- No.13「楽勝！」 20
- No.14「私のせいじゃない」 21
- No.15「場合による」 22
- No.16「キモい！」 23
- No.17「その調子！」 24
- No.18「ウソつき」 25
- No.19「絶好調！」 26
- No.20「乾杯！」 27

キャバ嬢姉と秀才ニート弟の海外珍道中！の章 30

- No.21「しょうがない」 32
- No.22「似合う？」 33
- No.23「二日酔い」 34
- No.24「まあね」 35
- No.25「私を誰だと思ってるんだ？」 36
- No.26「ほっといて」 37
- No.27「要するに…」 38
- No.28「交代して」 39
- No.29「今しかない！」 40
- No.30「かわいそう…」 41
- No.31「惜しい！」 42
- No.32「義理の母」 43
- No.33「いいかげんにしろ」 44
- No.34「楽しみ！」 45
- No.35「あのね…」 46
- No.36「後は任せた」 47
- No.37「クビだ！」 48
- No.38「言わんこっちゃない」 49
- No.39「ウザい！」 50
- No.40「がんばって！」 51

ロックスターを夢見るフリーターが外国人をおもてなし！の章 54

- No.41「蒸し暑い」 56
- No.42「どうでもいい」 57
- No.43「ていうか…」 58
- No.44「さかさま」 59
- No.45「意味不明」 60
- No.46「空気読めよ！」 61
- No.47「今やろうとしていたところだ」 62
- No.48「話聞いてる？」 63
- No.49「連絡してね」 64
- No.50「全然分からない」 65
- No.51「退屈だ」 66
- No.52「その話はやめて」 67
- No.53「はいチーズ！」 68
- No.54「落ち着いて」 69
- No.55「ありえない」 70
- No.56「マジで？」 71
- No.57「ちょっと不安だ」 72
- No.58「まずいことになった」 73
- No.59「おめでとう！」 74
- No.60「元気でね」 75

トラブルに巻き込まれ過ぎる元教師！の章 78

- No.61 「ムダだ」 80
- No.62 「うける〜」 81
- No.63 「ボッタクリ」 82
- No.64 「お先にどうぞ」 83
- No.65 「ここだけの話…」 84
- No.66 「故障している」 85
- No.67 「好みのタイプ」 86
- No.68 「黙れ！」 87
- No.69 「〜みたいな」 88
- No.70 「覚えてろよ」 89
- No.71 「そりゃそうだ」 90
- No.72 「車に乗せてあげる」 91
- No.73 「ズルい」 92
- No.74 「つまりどういうこと？」 93
- No.75 「責任者を出せ！」 94
- No.76 「借りができる」 95
- No.77 「そんなつもりじゃなかった」 96
- No.78 「私のものだ」 97
- No.79 「残念！」 98
- No.80 「やっぱりね」 99

恋多きバツイチ美魔女は海外でもモテモテ！の章 102

- No.81 「いろいろあってね」 104
- No.82 「甘党」 105
- No.83 「どいて！」 106
- No.84 「悪気はない」 107
- No.85 「イジワル」 108
- No.86 「大体合ってる」 109
- No.87 「酔っぱらう」 110
- No.88 「全力を尽くす」 111
- No.89 「気にしないで」 112
- No.90 「花粉症」 113
- No.91 「じゃあこうしょう」 114
- No.92 「臭っ！」 115
- No.93 「だよね」 116
- No.94 「〜によろしく」 117
- No.95 「超迷惑！」 118
- No.96 「ごくたまに」 119
- No.97 「関係ないだろ」 120
- No.98 「不味い」 121
- No.99 「シカト」 122
- No.100 「ひとりきり」 123

コラム

- 日本でしか通じない和製英語 28
- 誤解を招きやすい要注意英語 52
- 外国人に言われて気づいた「日本語の特徴」 76
- 英語では表現しにくい日本語 100
- 日本語では表現しにくい英語 124

おわりに 127

もくじ

好奇心旺盛な大学生がロンドンに留学！の章

みんな知ってる日本語なのに 英語で言えないあのフレーズ

No.1 「やったぜ!」
"We did it!"

"We did it!"
ウィ ディディッ

「やったぜ!」

解説

①:困難なことを成し遂げたときに、思わず口をついて出るフレーズです。
マンガでは、カートにふたり乗っているので主語が「we」になっていますが、ひとりの場合は当然「I did it!」です。

②:この場合の「it」は抽象的に、「成し遂げたこと」を指します。

発展

日本語の「やったぜ!」に相当する単語はこれ以外にも多々ありますが、その中でもとりわけ短く、最も言いやすいのは以下の表現でしょう。

"Yes!"
イェス

「よっしゃあ!」

※「カートボブスレー」とは近所のスーパーの駐車場に放置されている古い買い物カートに乗って寮の前の坂道を疾走するレースであるボロボロのカートを使うのでまさに命がけといえる

明るい月夜に大学の寮の仲間たちと「カートボブスレー」をすることになった

8

好奇心旺盛な大学生がロンドンに留学！の章

No.2 「勘弁してよ」
"Give me a break."

"Give me a break."
ギンミー ア ブレイク

「勘弁してよ」

解説

①：他人のせいで不都合を被ったときに、「おいおい、ちょっと待ってくれよ」や「頼むよ」などと、不満を表すフレーズです。

②：ここでの「break」は、「休息」という意味の名詞なので、直訳は、「私に休息をください」となります。

発展

以下のように言っても、同じ意味です。

"Spare me."
スペア ミー

「勘弁してよ」

No.3 「もちろん」
"By all means."

"By all means."
バイ オール ミーンズ

「もちろん」

解説

①: 人からの頼みごとを快諾するときのフレーズです。

②: 「by」は「〜によって」という前置詞です。

③: 「means」は、ここでは名詞として使われているので、「方法、手段」という意味です。
動詞の「mean（意味する）」ではありません。

④: 「もちろん」というのは、意訳であり、直訳すると「すべての手段によって（来てください）」です。
つまり、「すべての手段によって（来てください）」→「何がなんでも（来てください）」→「もちろん（来てください）」ということです。

好奇心旺盛な大学生がロンドンに留学！ の章

No.4 「すごい!」
"That's something!"

"That's something!"
ダッツ サムスィング
「すごい!」

解説

①：何かに感銘を受けたときのフレーズです。

②：「something」は、なかなか日本語に訳しにくいのですが、「何か〜もの／こと」という意味の名詞です。
ただし、それとは別に、「すごいもの／こと」という意味もあり、ここで使われているのがまさにそれです。

発展

この他、「すごい!」に相当する表現は以下のようなものがあります。

"It's just great!"
イッツ ジャスト グレイト

"That's awesome!"
ダッツ オーサム
「すごい!」

オレの特技は武道だ

中でも日本刀を使う居合道がイギリス人にウケるのでよく披露している

しかし技の途中でよそ見してしまい切っ先が腕に突き刺さって大流血！

ところがそれを見た見学者たちは大興奮！

気がつけば「ハラキリ・コール」の嵐
何だかよく分からないがまあ今日もウケて良かった

11

みんな知ってる日本語なのに 英語で言えないあのフレーズ

No.5 「冗談だよ」
"Only joking."

"Only joking."
オゥンリィ ジョウキング

「冗談だよ」

解説

①: 軽い気持ちでやったことが相手に通じず、怒ってしまいそうになったときに「今のは冗談だからね」と念を押すフレーズです。

②: ここで使われている「joke」は、名詞ではなく〜ing（現在分詞）になっていることから、「〜をからかう」という意味の動詞であることが分かります。

発展

このフレーズを省略せず、ちゃんと言いたければ以下のようになります。

"I'm only joking, you know?"
アイム オゥンリィ ジョウキング
ユー ノウ

「ほんの冗談だからね 分かるでしょ?」

好奇心旺盛な大学生がロンドンに留学！ の章

No.6 「ブチ切れる」
"hit the roof"

"hit the roof"
ヒッ ダ ゥルーフ

「ブチ切れる」

解説

①：ただ「怒る」くらいのレベルであれば、「angry」という形容詞がありますが、これはまさに「大激怒する」という意味の熟語です。

②：直訳すると「屋根に当たる」ですから、脳天から出たすさまじい怒りが、屋根（天井）にブチ当たる様子をイメージするといいでしょう。まさに、「怒髪天をつく」ですね。

発展

この他、「ブチ切れる（激怒する）」には、以下のような言い方もあります。

"She is mad."
シーズ マッド

「彼女はブチ切れている」

みんな知ってる日本語なのに 英語で言えないあのフレーズ

No.7 「ようやく…」
"Finally..."

"Finally..."
ファイナリィ

「ようやく…」

解説

①：時間と労力をかけて困難な仕事をやり遂げたときのフレーズです。

②：「finally」は、「final(最後の)」という意味の形容詞が副詞になったもので、日本語では「最後に、ようやく、ついに、とうとう」などと訳されます。

発展

以下のように言ってもほぼ同じ意味です。

"At last!"
アト ラースト

「とうとう!」

好奇心旺盛な大学生がロンドンに留学！ の章

No.8 「あきらめるな！」
"Never back down!"

"Never back down!"
ネヴァ バック ダウン

「あきらめるな！」

解説

①：「がんばれ！」系の応援フレーズはいくつもありますが、これは特に、くじけそうになっている人に対する表現です。

②：文頭の「never」は、「not」よりも強い否定なので、「Don't(〜するな)」で始まる通常の命令文よりも強く「決して〜するな！」と訳されます。

③：「back」は、「後ろに」という意味の副詞でよく使われますが、ここでは「後退する」という動詞です。

発展

くじけそうになっている人には、以下のように言ってもいいでしょう。

"Hang in there!"
ハンギン ゼア

「そこで粘ってろ！」
↓
「がんばれ！」

大学の授業の合間にオレは街の道場で空手を教えている

大勢の外国人がオレの号令に合わせて動く

…これは快感だ

南イングランド空手大会——

SOUTH ENGLAND KARATE CHAMPIONSHIPS

中段突き始め!!

エイ エイ エイ エイ

道場生がひとり出場することになったので応援にも熱が入る！

あきらめるな！ Never back down! ネヴァ バック ダウン

がんばれ！

Go! Go get him!

楽勝 楽勝 相手は完全にビビってるぜ！

まあ言うほうは気楽なのだ

Get up boy!! Come on!! Yeah!!

You can do it!

ボスッ ドス はぁ はぁ よろ…

それって冗談？

みんな知ってる日本語なのに 英語で言えないあのフレーズ

No.9 「ぶっちゃけ…」
"To be honest..."

"To be honest..."
トゥ ビー オネスト

「ぶっちゃけ…」

解説

①：「本音を言うとね…」や「正直なところ…」など、これから内心を吐露しますよという場合の前置きのフレーズは、英語でもいくつかありますが、そのうちのひとつとして、一般的なのがこれです。

②：「honest」は「正直な」という意味の形容詞です。

発展

以下のように言っても、同じ意味です。

"To be honest with you..."
トゥ ビー オネスト ウィズ ユー

"Honestly..."
オネストリィ

「ぶっちゃけ…」

若い日本人女性と結婚したというイギリス人のお宅のディナーに招かれた

日本人が作るちゃんとした日本食は実に半年ぶりなのでとても楽しみだ

たーくさん食べてね〜

は〜い

……っていったいなんだこりゃ

白いゴハン山盛りにしょうゆ

ピクルス

彼女と結婚して以来ずーっと気になっているんだが 日本食って本当にこんな感じなのかい？

うーむ そうねえ…

ひそひそ

やっぱり… それが聞きたくて呼んだんだ

あっ そう…

ひそひそ

ぶっちゃけ… To be honest...
トゥ ビー オネスト

ひそひそ

これはかなり個性的な料理だね

好奇心旺盛な大学生がロンドンに留学！の章

No.10
「いち、にの、さんでいくよ」
"On the count of three."

"On the count of three."
オン ダ カウントヴ スリー

「いち、にの、さん でいくよ」

解説

①:「いち、にの、さん」というあの掛け声を合図に、誰かと何かをやる前のフレーズです。

②: ただし、このように言う場合、まず「1、2、3(one, two, three)」と数えた後に、「Go!」となるのが普通であり、「3」と同時に「Go!」ではないことを覚えておかないとタイミングが狂います。

③: 暗記すべきポイントは「on」という前置詞ですが、セリフ全体をひとつの言葉として覚えてしまうほうが良いでしょう。

④: ここでの「count」は「総数、計算」という名詞です。

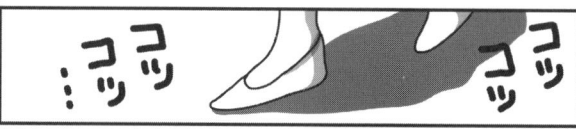

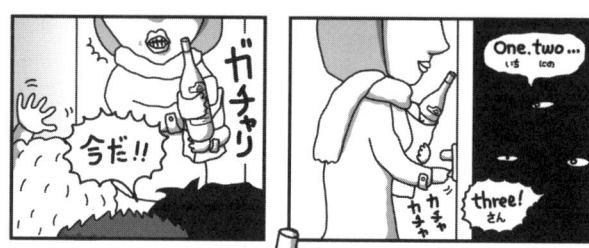

No.11 「場所をあけて」
"Can you make room for me?"

"Can you make room for me?"
キャニュー メイク ゥルーム フォー ミー

「場所をあけてもらえる?」

解説

①：混んでいる状況で、ちょっと場所をあけてほしいときのフレーズです。

②：この場合の「room」には、「a」という冠詞がついていないので、「部屋」ではなく「場所」という意味で使われていることに注意です。

③：直訳は「私のために場所を作ってもらえますか」となります。

発展

以下のように言ってもほぼ同じ意味です。

"Can you move aside?"
キャニュー ムーヴ アサイド

「横にずれてもらえる?」

好奇心旺盛な大学生がロンドンに留学！ の章

No.12 「お願いがある」
"Do me a favor."

"Do me a favor."
ドゥ ミー ア フェイヴァ

「お願いがある」

解説

①：誰かに頼みごとをしたいときに使うフレーズです。

②：「favor」は、「好意、親切な行為」という意味です。

③：直訳は、「私にひとつ親切な行為をしてください」となります。

発展

もう少し丁寧に言いたければ、以下のような表現もあります。

"May I ask a favor of you?"
メイ アイ アスク ア フェイヴァロブ ユー

「あなたにひとつお願いしてもいい？」

みんな知ってる日本語なのに　英語で言えないあのフレーズ

No.13 「楽勝!」
"No sweat!"

"No sweat!"
ノウ　スウェット

「楽勝!」

解説

①:「そんなの楽チンですよ!」と、余裕をアピールするためのフレーズです。

②:「sweat」は、スポーツドリンクの商品名にも使われているお馴染みの単語ですが「汗」という意味です。
つまり、「No sweat」で「汗もかかないくらいに簡単だ＝楽勝!」となるわけです。

発展

「楽勝!」の表現は、以下のようなものもあります。

"Piece of cake!"
ピース　ケイク

「ケーキ一切れだ!
（全然大したことない）」
↓
「楽勝!」

20

好奇心旺盛な大学生がロンドンに留学！ の章

No.14 「私のせいじゃない」
"It's not my fault."

"It's not my fault."
イッツ ノッ マイ フォールト

「私のせいじゃない」

解説

①：何かまずいことが起きたときに、「これは私の失敗ではない！」というための責任回避のフレーズです。

②：とかく個人の責任が重く、追及されがちな欧米社会では、責任を100％認める「ごめんなさい」ではなく、まずこの言葉が自己防衛的に使われます。

発展

反対に、相手の失敗を責めるときには以下のように言います。

"It's your fault!"
イッツ ヨー フォールト

「あなたのせいだ！」

No.15 「場合による」
"It depends."

"It depends."
イッ　ディペンズ

「場合による」

解説

①: 何かを聞かれたときに「それは一概にはいえない」あるいは「状況による」などと返すときのフレーズです。
英語は日本語に比べて、yes／no をはっきりさせる傾向が強いのですが、yes／no のどちらとも言えずに困ったときはこのような表現が便利です。

②: 「depend」は、「頼る」という意味の動詞です。
なお、「〜に頼る」と言いたいときには前置詞の「on」と一緒に使います。
(例) I depend on you. (あなたを頼りにしていますよ)

好奇心旺盛な大学生がロンドンに留学！ の章

No.16 「キモい!」
"Disgusting!"

"Disgusting!"
ディスガスティング

「キモい!」

解説

①：胸がムカムカするほどおぞましいものを目にしたときのフレーズです。

②：日本と違い、ヨーロッパでは卵がサルモネラ菌（salmonella）に汚染されていることがあるので、絶対に生で食べてはいけないと言われます。
百発百中で当たるわけではありませんが、生卵を食べるのは自己責任だと言えるでしょう。

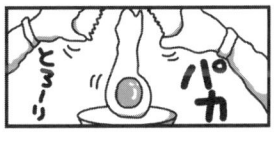

発展

「disgusting」はかなり強烈な言葉なので、軽く「キモっ」と言いたいときには、以下の表現があります。

"Yuck."
ヤック

「キモっ」

みんな知ってる日本語なのに 英語で言えないあのフレーズ

No.17 「その調子!」
"Way to go!"

"Way to go!"
ウェイ トゥ ゴウ

「その調子!」

①: 好調の相手にかける応援フレーズです。

②: 「way」は、「道」という意味の名詞です。

③: ここでの「to」は、直前の名詞にくっついて、「〜すべき」という使い方をするものです。

（例）a <u>book</u> to read
　　　読むべき本

④: 直訳は「(それはあなたが) 行くべき道です」となります。

ちなみに、「〜に体当たりする」を表すのは「dash against」という熟語です。

"She dashed against me."
シー ダッシュト アゲインスト ミー

「彼女は私に体当たりした」

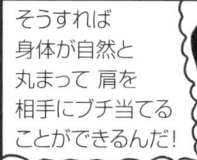

好奇心旺盛な大学生がロンドンに留学！の章

No.18 「ウソつき」
"liar"

"You are a liar!"
ユー アー ア ライア

「ウソつき!」

解説

①：相手がウソをついたことを叱責するときのフレーズです。

②：「lie」は「ウソをつく」という意味の動詞ですが、それが名詞になって「liar（ウソつき）」となります。
なお、名詞なので不定冠詞の「a」が付いていることに注意してください。

③：ちなみに「大ウソつき」は、「a big liar」です。

みんな知ってる日本語なのに 英語で言えないあのフレーズ

No.19 「絶好調！」
"Never been better!"

"Never been better!"
ネヴァ ビーン ベター
「絶好調！」

解説

①: 日本の学校では、なぜか機械的に、「How are you（元気ですか）？」に対して「I'm fine（元気です）」と答えるよう習いますが、「ものすごく元気です！」と言いたければ、このフレーズを使いましょう。

②: 口語では「have」が省略されていますが、「have never＋（過去分詞）」の形は、現在完了形を表すので「〜したことがない」と訳されます。

③: 「better」は、「well（元気な）」という意味の形容詞の比較級なので、「より元気な」という意味です。

④: 「絶好調だよ！」というのは意訳で、直訳すると「私は（今より）元気だったことはない（今が一番元気だ）」となります。

好奇心旺盛な大学生がロンドンに留学！の章

No.20 「乾杯！」
"Cheers!"

"Cheers!"
チアーズ

「乾杯！」

解説

①：まさに、みんなで乾杯するときの掛け声です。

②：ただし、イギリスでは以下の場合にもこの「Cheers」が使われます。
・軽い挨拶「やあ」
・軽い感謝「どうも」

③：「乾杯！」と盛り上がることは大いに結構なことですが、外国では、例えばイスラム教徒など、宗教上の理由から酒を飲むことが許されない人が大勢いることを忘れてはいけません。
したがって、酔っ払って「オレの酒が飲めないのか？」などとやってしまうと、かなり危険なトラブルに巻き込まれることもあるので、注意が必要です。
さらに、「酒の場だったから…」と過ちが許されるのも日本だけの文化なので、海外でお酒を飲む際には気をつけましょう。

コラム 日本でしか通じない和製英語

日本には、「フリーター」や「OL」など、本場の英語圏では通じない「和製英語」として広く認識されている言葉がたくさんあります。

そして、この和製英語の数々は、想像以上に深く日本社会に食い込んでいますが、そのすべてをここで解説するのは到底不可能なので、私が特に気になるものをいくつか以下に羅列します。

① 「DV」：日本では当たり前のように使われていますが、実は、「DV」と書かれた文字を見て一発で「ドメスティック・バイオレンス（家庭内暴力）」と読むのは日本人だけです。日本以外の国では、「DV」と書けば、まず間違いなく**デジタル・ビデオ（digital video）**と読まれてしまいます。

② 「オーダーメイド」：誰が最初に言ったのか知りませんが、英語では、**カスタム・メイド（custom made）**で、この場合の「カスタム（custom）」は、「注文の」という形容詞です。

ただし、私の家の近所にある車の改造屋さんの看板は、30年以上前から「カスタムメイド車」と書かれてあるので、一部の特殊な業界では正しい英語が使われているようです。

③ 「アフターケア」：先日、車を買う際に、販売店のディーラーが「うちの店はアフターケアも万全です！」と力説していましたが、もともと英語では、**アフターケア（aftercare）**というと、医療用語で「患者が回復してきた後の看護・療養」を意味します。

コラム

そして、日本語で言うところの「アフターケア（アフターサービス）」は、正しくは「アフター・セイルズ・サーヴィス（after-sales service）」と表現するのです。

④「マグカップ」「ガードマン」：この2つは、「頭痛が痛い」と同じく、まさに同義反復です。正しくは「マグカップ」は「マグ（mug）」で、「ガードマン」は「ガード（guard）」です。

これと似た例ですが、先日東京の神楽坂を歩いていたら、地名の看板に「Kagurazaka slope」と書かれていました。

「slope」は「坂」を意味するので、これも同義反復だと言いたいところですが、神楽坂の「坂」だけ英語にされて、「カグラスロウプ」はどこだ？」と聞かれても「えっ？」となりますので、やはり地名などの固有名詞に関しては、同義反復もOKということになるでしょう。

⑤「タッチパネル」：「タッチパネル（touch panel）」とは、**透明な薄膜状の入力装置そのものを指し、それを組み込んだ画面は「タッチスクリーン（touch screen）」**です。

したがって、普段、われわれが電車の中でいじくりまわしているのは、正式には「タッチパネル」ではなく「タッチスクリーン」であって、英語でも「touch screen」のほうが使われます。

キャバ嬢姉と秀才ニート弟の海外珍道中！ の章

私の弟はT大の大学院を修了した超秀才だが

その実態は25歳にして無職というパラサイト・ニートである

ある日弟がやけに熱心にテレビを見ていることに気がついた

小野ヨーコ (27)
小野怜音(レノン) (25)

キャバクラ嬢の姉と、秀才ニートのきょうだい。
長期海外旅行に行きたい姉の誘導により、なぜか弟も一緒に行くハメに。
姉は米兵と付き合っているため、日常会話程度には困らないレベル。
弟は受験英語がほぼ完璧なレベル。

We're always together.

弟が見ていたのは外国の街並みを紹介する紀行番組だった

あんた見てるだけじゃなくてヒマなんだから実際行ってみれば？

…時間はあるが金がない

返すアテはないぞ…

お金なら私が出してあげるわよ

No.21 「しょうがない」
"Can't be helped."

"Can't be helped."
キャーント ビー ヘルプト
「しょうがない」

解説

①：「まあ仕方ないね」と、軽いあきらめの気持ちを表したいときのフレーズです。

②：「help」は、一般的には「助ける」という意味の動詞として知られていますが、日本語よりも広い意味で捉えなければなりません。つまり、「手伝う」や「役に立つ」、あるいは、「避ける」という意味まで含むのです。
そして、ここでは「避ける」というニュアンスで使われています（「(不運を)避けられなかった＝しょうがない」）。

発展

硬い表現で言うと、以下のようになります。

"There's nothing I can do about it."
デアズ ナッシング アイ ケン ドゥ アバウテイット
「それについて私ができることは何もない」

キャバ嬢姉と秀才ニート弟の海外珍道中！の章

No.22 「似合う?」
"How do I look?"

"How do I look?"
ハウ ドゥ アイ ルック
「似合う?」

解説

①：試着などをしたときに、自分の外見の具合を他人に尋ねるフレーズです。

②：「How」は、「どのように」という意味の疑問詞です。

③：ここで使われている動詞の「look」は、「見る」ではなく、「〜のように見える」という、少し変わった意味で使われています。
（例）He looks tired.（彼は疲れているように見える）

④：「似合う?」というのは意訳で、直訳は、「私はどのように見えますか?」となります。

みんな知ってる日本語なのに　英語で言えないあのフレーズ

No.23 「二日酔い」
"hangover"

"I have a hangover."
アイ　ハヴァ　ハングオウヴァ
「二日酔いだ」

解説

①：飲み過ぎた翌日の定番フレーズです。

②：「hangover」とは「持ち越したもの、残存物」という意味の名詞ですが、お酒に関して言えば「二日酔い」ということになります。

③：「I'm hung-over」とも言えますが、「hangover」をbe動詞と一緒に使うときは過去分詞になるので「hung-over」になっているのです。

発展

ちなみに、「吐きそうです」は以下のように言います。

"I feel like throwing up…"
アイ　フィール　ライク　スロウィング　アップ
「吐きそう…」

34

キャバ嬢姉と秀才ニート弟の海外珍道中！ の章

No.24 「まあね」
"Kind of."

"Kind of."
カインドーヴ

「まあね」

解説

①：「yes」ほどはっきり肯定するのではなく、「まあそうね」くらいに、曖昧に肯定したいときのフレーズです。
よって、論点をはぐらかしたり、責任をうやむやにしたいときには便利な言葉です。

②：「kind」は、ここでは「種類」という意味の名詞で使われているので、「Kind of」で、「まあそんな種類のことだ」という感じです。

発展

以下のように言ってもほぼ同じ意味なので、自分の言いやすいほうを選ぶといいでしょう。

"Sort of."
ソートーヴ

「まあね」

みんな知ってる日本語なのに 英語で言えないあのフレーズ

No.25
「私を誰だと思ってるんだ?」
"Who do you think I am?"

"Who do you
フー ドゥ ユー
think I am?"
スィンク アイ アム

「私を誰だと
思ってるんだ?」

解説

これは「間接疑問」という形をとった文章です。
「Who am I?（私は誰）」という疑問文に、do you think（あなたは思いますか）を組み込んでいるのです。また、

Who do you think I am?
　　　　　　　　↓　↓
　　　　　　　主語 動詞

の部分が、「主語（I）」+「動詞（am）」の順になるのが、間接疑問のルールです。

発展

ちなみに、「私が誰だか知っていますか?」を英語で言うと、以下のようになります。似ていますが、意味は全然違います。

"Do you know
ドゥ ユー ノウ
who I am?"
フー アイ アム

「私が誰か知ってる?」

コマ内のセリフ

そんなはずはない オレはガキの頃から算数が得意なんだ
Trust me.
HAHAHA
TOBACCO
だからお釣りが全然足りないって言ってるじゃない!
単純な引き算もできなくて何言ってんのよ!?

ちょっとあんたこいつに言ってやって!
あたしを誰だと思ってんの?
Who do you think I am?
フー ドゥ ユー スィンク アイ アム
Who?

そうよ!!
木更津のキャバクラで時給7000円もらってる人を人とも思わない悪魔だということを言えばいいのか?
そんな面倒なこと英語で言えるか

あんた誰え!!

キャバ嬢姉と秀才ニート弟の海外珍道中！ の章

No.26 「ほっといて」
"leave me alone"

"Just leave me alone!"
ジャスト リーヴ ミー アロウン

「いいから ほっといてくれ!」

解説

①: 他人にかまってほしくないときに使うフレーズです。

②: 「leave A B」という形で「AをBの状態で放っておく」という意味です。
そして、「alone」は「他に人がいない」という意味の形容詞なので、直訳は「私をひとりきりで放っておいてください」となります。

発展

ひとりにしてほしいことを、より強く(攻撃的に)伝えたければ、以下のような表現もあります。

"Go away."
ゴウ アウェイ

「どっか行け」

37

みんな知ってる日本語なのに 英語で言えないあのフレーズ

No.27 「要するに…」
"To make a long story short..."

"To make a long story short..."
トゥ メイク ア ロング ストーリィ ショート

「要するに…」

解説

①：「手短に言うとね…」などと、話を短くまとめるときのフレーズです。

②：「make A B」で「AをBにする」という意味になります。
また、「a long story」は、読んで字のごとく「長い話」です。

③：直訳は「長い話を短くすると…」となります。

珍しいことに姉がディナーをおごってくれるという

きょうだい水入らずもたまにはいいわね

お前がオレを連れ回すからいつでも水入らずだろ

昔 人買いに買われた姉弟がいたんだけど 姉が自分を犠牲にして弟を逃がしてあげたの 姉はそれで死んだけど弟は助かって その後楽しく暮らしたのね…

どう思う？姉ばかりかわいそうじゃない？弟も姉が困ったら助けるべきよね…

じゃ 支払いよろしく

！ギクッ

ねえ あんた「安寿と厨子王」の話を知ってる？

で その唐突な長い話とここの支払いは何か関係があるのか？

要するに…
To make a long story short...
トゥ メイク ア ロング ストーリィ ショート

お財布ホテルに忘れたのよ…

ゴメンねー

キャバ嬢姉と秀才ニート弟の海外珍道中！ の章

No.28 「交代して」
"Take me over."

"Take me over."
テイク ミー オウヴァ

「交代して」

解説

①：現在自分がやっている作業などを、誰かに引き継いでほしいときに使うフレーズです。

②：「take over」は、「〜の後を引き継ぐ」という意味の熟語です。

③：この文章は動詞の原型で始まる命令文なので、直訳すると「私の後を引き継いでください」となり、それをラフに意訳すれば、「交代して」となるわけです。

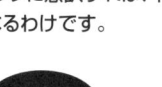

発展

似た意味では、以下のような言い方もあります。

"It's your turn next."
イッツ ヨー ターン ネクスト

「次はあなたの番だ」

安ホテルだと隣の部屋の音が筒抜けで本当にうるさいわね

HAHA! HAHA!

文句があるならかかってきなさいよこのバカ!!

うるさいのよ！いい加減にしなさいよこのバカ！

てめーいい度胸だドア開けろ!!
Open the door!!

代わってくれ！
Take me over!
ティク ミー オウヴァ

ドアが蹴破られそうだ！

うぜがいたい!!

イヤよ

おいっ

てめーコラ

みんな知ってる日本語なのに　英語で言えないあのフレーズ

No.29 「今しかない！」
"It's now or never!"

"It's now or never!"
イッツ　ナウ　オー　ネヴァ
「今しかない！」

解説

①: このフレーズは、「今を逃したら2度とチャンスはないぞ！」という感じのニュアンスです。

②: 直訳すれば、「今か、もしくは2度とないか」です。

発展

同じ意味で、以下のようなちょっとカッコいい言い方もあります。

"The coast is clear!"
ダ　コウスト　イズ　クリア
「沿岸には誰もいないぞ！」

※これは、密輸入者が沿岸警備隊の目を盗んで上陸するチャンスを見つけたときに言うセリフ。つまり「今がチャンスだ！」という意味です。

バカが…ノンキにシャワー浴びてやがる…

姉貴の魔手から逃れてひとりでゆっくり買い物に行く大チャンスだ！

今しかない！ It's now or never!

誰か！その東洋人の男を捕まえて！人殺しで変質者よ！
Get him!

よし！脱出成功！

おまえそこまで言うかぁ

キャバ嬢姉と秀才ニート弟の海外珍道中！ の章

No.30 「かわいそう…」
"So poor..."

"So poor..."
ソウ プーア

「かわいそう…」

解説

①: 溜め息まじりに同情の気持ちを表すフレーズです。

②: 「so」は、「very」と同じく、強意を表す副詞で「とても〜」という意味です。

③: 「poor」は「貧乏な」という意味で有名な形容詞ですが、ここでは「かわいそうな」という意味で使われています。
よって、訳し間違えると「ああ、貧乏…」という滑稽な意味になってしまうので、注意が必要です。

発展

「〜がかわいそうだ」と言いたければ、以下のような表現があります。

"I really feel
アイ リアリ フィール
sorry for you."
ソーリィ フォー ユー

「君が本当にかわいそうだ」

みんな知ってる日本語なのに 英語で言えないあのフレーズ

No.31 「惜しい!」
"you're getting close!"

"You're getting close!"
ユア ゲティン クロウス

「惜しい!」

解説

①：相手の答えが正解に近かったときなどに、「かなり(正解に)近いのに!」という感じで使うフレーズです。

②：注意すべき単語は「close」であり、これは、「閉める」という意味の動詞ではなく「近い」という意味の形容詞で使われているのです。それゆえ、最後の「se」の発音が動詞の場合の「ズ」と違い、濁らない「ス」という発音になります。

発展

形容詞の「close」の比較級（より近くに）を使った例文です。

"Come closer."
カム クロウサー

「もっと近くにおいで」

42

キャバ嬢姉と秀才ニート弟の海外珍道中！ の章

No.32 「義理の母」
"mother-in-law"

"mother-in-law"
マダー イン ロー

「義理の母」

解説

①：日本語と同様に、英語にも親類を分類するための名称がたくさんあります。

②：「law」が、「法律」という意味の名詞なので、「〜 in law」は、「法律上の〜」となります。
（例）father-in-law（義理の父）
sister-in-law（義理の姉）
brother-in-law（義理の兄）

発展

他の「血縁関係のない親戚」には、以下のような表現があります。

・「stepmother(stepfather)」
継母（継父）

・「adoptivemother(adoptivefather)」
養母（養父）

ホテルのバーで…

なあ隣の美人はお前の何なんだ？

恋人か？

What?

ん？

この女のことか？

彼女は義理の母だ
She is my mother-in-law.
シーイズ マイ マダーインロー

本当か？

若づくりしてるがよく見ると顔もシワシワだそれでも良ければ好きにしてくれ

ババァだ

あんたふざけてるとまたひどい目に遭わせるわよ

みんな知ってる日本語なのに 英語で言えないあのフレーズ

No.33 「いいかげんにしろ」
"Knock it off."

"Knock it off."
ノッキローフ

「いいかげんにしろ」

解説

①：不平不満を言い続けている人に対して、「もうそれくらいにして黙れよ」という感じで、イラ立ちながら言うフレーズです。
ただし、かなり上から目線の表現なので、自分よりも目上の人に対して使うと、「お前のほうが黙れ」などといわれてしまう可能性が高いでしょう。

②：「knock off」は、「〜を中止する」という熟語なので、直訳は「それを中止しなさい」となります。

発展

以下のように言っても、ほぼ同じ意味です。

"Stop it."
ストッピッ

「いいかげんにしろ」

あたしにこんな穴のあいたボロキレを売りつけようっての!?

ちょっとあんた!

もういい加減にしろよ！
Knock it off！
ノッキローフ

そんなとこでふんぞり返ってないで何か言いなさいよ！

ちょっと!!

あたしもそろそろやめたいんだけどこのオヤジ全く反省の色が見えないのよ！

あーもうっ

おい、おちつけ！

こんな顔したオヤジからまともな商品を買おうとしたお前が悪い

HA HA HA

What?

あ？

あーこいつマジムカツク!!

44

キャバ嬢姉と秀才ニート弟の海外珍道中！ の章

No.34 「楽しみ!」
"Can't wait!"

"Can't wait!"
キャーント ウェイト

「楽しみ!」

解説

①：何かを心待ちにしているときのフレーズです。

②：口語にはよくあることですが主語の「I (私は)」が省略されています。

③：直訳は文字通り「(楽しみで)待てない!」です。

発展

「to ～」を使って、以下のように応用することもできます。

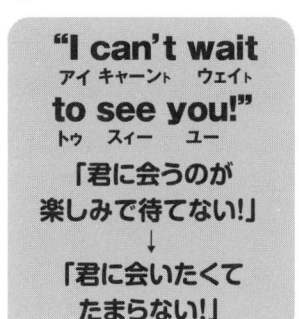

"I can't wait
アイ キャーント ウェイト
to see you!"
トゥ スィー ユー

「君に会うのが楽しみで待てない!」
↓
「君に会いたくてたまらない!」

生まれて初めてのバンジージャンプ

キャーすんごい高さ!!

ひとつ質問があるんだけど…

Wow!!

落下中にロープが切れた場合 命が助かる可能性はどのくらい？

そりゃ楽しみだね!
Can't wait!
キャーント ウェイト

げっ

ウォウ

0パーセントって…

TOIDI

0%だ
浅い川底に激突してグチャグチャになったまま下流に流されていくだろう

I'm sorry

ヒーハー!!
Can't wait!
Can't wait!

全然楽しみじゃねえよ…
おたくちゃんと話聞いてたのか？

早くとびおりなさいよ

ハッハッ
バカ

みんな知ってる日本語なのに　英語で言えないあのフレーズ

No.35
「あのね…」
"Guess what…"

"Guess what…"
ゲス　ワッ

「あのね…」

解説

①:「ねえちょっと聞いてよ…」とか、「あのさあ…」というふうに、相手が驚きそうなことを話す前の前置きのフレーズです。

②:「guess」は、「推測する」という意味の動詞です。

③: 命令文なので、直訳は「何だか推測してください」となりますが、いきなりそう言われても、推測しようもありません。
よって、これに対しては、「What (何)?」で返すのが普通です。

発展

以下のように言っても同じ意味です。

"You know what?"
ユー　ノウ　ワッ

「あのね…」

旅先でひどい嵐に遭い外食ができないので自炊できるキッチン付きの部屋を借りた

あー買い物ができなくてヒマね

散歩にも行けねえよ…

あのね…
Guess what…
ゲス ワッ

あっ！トン‥

何?
what?

指の先を切り落としちゃった…

おまえ切りおとって…
ウソぴょん

手のひらザックリ切っただけ

だー！！

46

キャバ嬢姉と秀才ニート弟の海外珍道中！の章

No.36 「後は任せた」
"I'll leave everything to you."

"I'll leave everything to you."
アイル リーヴ エヴリスィング トゥ ユー
「後は任せた」

解説

①：相手に責任を丸投げするときのフレーズです。

②：「leave」は「去る、後に残す」という意味の動詞です。
「leave A to～」で、「～にAを残す（任せる）」という意味になります。

③：直訳は、「私はあなたに全てを残します（任せます）」です。

発展

丁寧に言うと以下のようになります。

"This is now your responsibility."
ディス イズ ナウ ヨー リスポンスィビリティ
「後は任せた」

外国の映画館はやたらと盛り上がる

誰だー!?

あんたうるさいのよ！

後は任せた
I'll leave everything to you.
アイル リーヴ エヴリスィング トゥ ユー

おまえこれシャレにならねえぞ

47

No.37 「クビだ!」
"You're fired!"

"You're fired!"
ユア　ファイアード

「クビだ!」

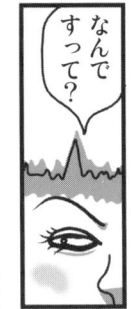

解説

①：まさに誰かをクビにする瞬間にいうフレーズです。

②：「fire」という動詞には様々な意味がありますが、ここでは「クビにする」という意味で使われています。

③：受動態（be動詞＋過去分詞）の形をとっているため、直訳は「あなたはクビにされます」となります。

発展

アメリカ人が、自分の部下に対してこのように言うのを聞いたことがありますが、同じ意味だと言えます。

"Go find a new job!"
ゴウ　ファインダ　ニュー　ジョブ

「新しい職を探しにいけ!」

みんな知ってる日本語なのに 英語で言えないあのフレーズ

姉がやけに気前のいいことを言い出した

ねえ 時給3000円出すから買い物に付き合ってちょうだい

3千円での本当だろうな？

まさに物欲の権化だな...

よたよた

くそっ

ノロノロしないで！次の店に行くわよ！

それも全部持ってきてね

これ以上持てるわけないだろ！

おいっ

早く！！

あんたはクビよ！
You're fired!
ユア　ファイアード

とんだ役立たずね！

なんですって？

ああ 役立たず

おまえなぁ...

シッシッ

どこへなりともお好きなとこにお行き！

どうやら今日は「お嬢様と召使いごっこ」に付き合わされていたようだ...

キャバ嬢姉と秀才ニート弟の海外珍道中！ の章

No.38 「言わんこっちゃない」
"What did I tell you?"

"What did I tell you?"
ワッ ディダイ テル ユー

「言わんこっちゃない」

解説

①：過ちを犯した人に対して、「だから言ったでしょ」と、戒めるときのフレーズです。

②：これを直訳すると「私はあなたに何か言いましたか？」です。しかしこのセリフは、何を言ったのかを実際に尋ねているわけではなく、「私があなたに何と言ったか覚えているでしょ？→ほら、だから言ったじゃない」といったような、修辞的な意味を含んだ表現なのです。

発展

以下の言い方でもほとんど同じ意味です。

"I told you so!"
アイ トウルジュー ソウ

「だから言ったのに！」

みんな知ってる日本語なのに 英語で言えないあのフレーズ

No.39 「ウザい!」
"You're annoying!"

"You're annoying!"
ユア アノーイング

「ウザい!」

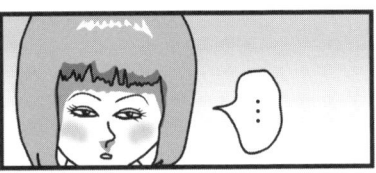

解説

①: そもそも「ウザい」とは、物がたくさん（うじゃうじゃ）集まってうっとうしい様子を表す言葉ですが、今では「面倒くさい、邪魔だ、うるさい」など、ネガティブな感情全般を表すことができる便利な言葉に進化したようです。

②: 「annoy」は、「イラ立たせる」という意味の動詞ですが、ここでは「〜ing」が付いた現在分詞として使われており、「イラ立たせるような〜」という形容詞的な意味になります。

発展

誰か（何か）にイラついているときは以下のように言ってもOKです。

"You get on my nerves."
ユー ゲット オン マイ ナーヴズ

「あなたは私の神経に触る（お前ムカツク）」

お前、ウザいんだよ!
You're annoying!
ユア アノーイング
もうどっか行けよ!

しばらくひとりになって反省するわ
じゃあ…
ハイさよなら〜
もう戻ってくんな

…

そうね…確かにそうかもね
ゴメンねこんなお姉ちゃんで…

あー あのバカ女!
信じられねぇ!!
オレのパスポートも金も根こそぎ持っていきやがった!
ちくしょー
ハッ ハッ
あくまだー!!

50

キャバ嬢姉と秀才ニート弟の海外珍道中！ の章

No.40 「がんばって！」
"Go for it!"

"Go for it!"
ゴウ フォー イッ

「がんばって！」

解説

①：これをただ「がんばれ！」と訳してしまうと、非常に大雑把な感じに聞こえてしまうのですが、本来は、何か目標や目的がある人に対して、「その目標に向かって突き進め！」と応援するためのフレーズです。
「行け、行け！」と訳したほうがしっくりくるかもしれません。

②：ここでの「it」は抽象的に、「その人の目標・目的」を意味しています。

コラム　誤解を招きやすい要注意英語

普段よく耳にする英語の中にも、辞書に書かれた日本語訳と英語の本当の意味とでニュアンスがかなり異なる、言わば「要注意の英語」が結構あります。

私自身、何度かそういった言葉をニュアンスの違いに気づかないまま使ってしまい、外国人から「ヒャー」とか「NO～！」とか叫ばれたことがあります。

ここでは、あまり使うべきではない2つの表現を取り上げたいと思います。

①「hate」：これは単なる勘違いなのですが、私の中で、「hate (憎む)」は「don't like (好きじゃない)」のちょっとした発展形であり、そこまで大きく違わないだろうという意識があったため、かなり気軽に使っていました。

しかし、「hate」はそれこそ、**「嫌悪する」というレベルのかなりストロングな意味合いを持ちます**。それゆえ、「あいつは気に食わない」とか、「この料理は口に合わない」くらいではまず使わない言葉なのです。

ところが、私はイギリス留学中に「hate」を使いまくってしまい、友人知人に驚きの叫びを100回以上あげさせたあたりで、ようやくニュアンスの違いに気がつきました。

一方、最近の海外ドラマでは、男女間で「I hate you!」という言葉がかなり頻繁に使われている印象を受けますが、これはどうやら冗談で「I hate you! (大嫌いー！)」と言っているだけであり、強い言葉であるがゆえ、本来ありえないシーンで使うと冗談になるということのようです。

「hate」——なかなか奥が深いです……。

コラム

②「Jesus Christ ／ Oh, my God」：**宗教がらみの言葉は最警戒ワード**です。大部分の日本人はノホンとした宗教観で暮らしていますが、ご存知の通り、外国では宗教が違うという理由だけで多くの人が命を失っています。

「Jesus Christ（ジーザスクライスト）」と「Oh, my God（オーマイゴッド）」については、あくまで、「やっちまった」くらいの表現だと思っている日本人も結構いるのではないかと思いますが、これらはあくまで、キリスト教徒に帰属する言葉です。

よって、「高校がミッション系だったの〜」とか「結婚式はハワイの教会で挙げたから〜」程度の人が、軽々しく口にする言葉ではないのです。

日本人でも、「私はキリスト教徒として自分の宗教的信念に命をかけています」ぐらいの決意があるなら別ですが、単に何となくカッコいいからといって、「Jesus Christ」や「Oh, my God」を連発していると、何かあるたびに、「Oh〜，Jesus Christ!」と叫んでいたのです。

実際、私がイギリスにいた頃、横浜の某キリスト教系の大学を卒業したという25歳の女性と知り合ったのですが、彼女はいわゆる「外国かぶれ」で、やることなすこといちいち外国人（白人）のマネばかりでした。そして、大きなトラブルに巻き込まれることもあります。

そんなある日、またしても何かの拍子に彼女が「Jesus Christ!」と口走ったところ、たまたま側を通りかかった白人の学生から、「なぜ日本人のお前がジーザス（イエス）の名前を口にするんだ？ いい加減にしないと殺すぞ！」と、ものすごい剣幕で怒鳴られてしまいました。

さすがに、本当に殺されたわけではありませんが、キリスト教のみならず、宗教とはこのように非常に真剣なものなので、関連する表現を使う際には最大限の注意が必要だと言えるでしょう。

53

ロックスターを夢見るフリーターが外国人をおもてなし！ の章

5年前　故郷の秋田にいたオレは高校生バンドのスターだった

ウォー‼
I wanna be free‼
シャカシャカ
キャー　キャー　キャー

ダイアモンド向井（22）

ロックスターを目指すコンビニのアルバイト店員。
お金がないので外国には行けないが、洋楽のコピーバンドを組んでいたおかげで、感覚的な英会話には慣れている。

I'm lonely..

そして今　東京にいるオレは世界的なロックスターを目指しながらコンビニでバイトをしている

お弁当は温めますか？
ピッ

とはいえロックスターへの道は遠く曲がりくねったワインディング・ロードだ

ひとりでいると焦りと不安に押しつぶされそうになる夜もある

オレはいったい何をしているのか…

そんなときオレは思わずシャウトしてしまう

ウォー

東京の人間にオレの孤独が分かるのか—!?

いや分かんねえ！
ジャガジャガジャガジャガ
オレの寂しさが分かるわけがねえー！！

東京はまるで外国のようだ
そしてオレはまるで孤独な外国人…
外国人…？

そうだ！
外国人に話しかけてみよう
さびしい者どうしわかり合えるかも
おぉ
ポン

ヘイ ブラザー ひとりきりで孤独じゃないかい？
ひょこ

そしてオレは外国人を見かけると話しかけずにはいられなくなってしまった
ハーイ ブラザー！
ちょっとまってくれよ ハハハ

みんな知ってる日本語なのに 英語で言えないあのフレーズ

No.41 「蒸し暑い」
"humid"

"It's humid today."
イッツ ヒューミッド トゥデイ
「今日は蒸し暑い」

解説

①：日本の夏はジメジメと湿気っぽいのが特徴ですが、「暑い」「寒い」は言えても、意外と知らないのがこの「蒸し暑い」という表現でしょう。

②：天候について話すときは、通常「it」を主語にします。

③：「humid」は、「humidity（湿度）」の形容詞形で、本来は「湿度が高い」という意味です。

発展

「humid」が入っている場所には、様々な天気の表現を入れられます。例えば、「chilly（肌寒い）」という意味の形容詞を使い、以下のように言えます。

"It was chilly yesterday."
イッツ ワズ チリィ イェスタデイ
「昨日は肌寒かった」

酷暑 8月の浅草 心も体もトロけそうな

炎天下で熱いお茶を飲むと頭痛がするぜ…

おっ 外国人だ

今日は蒸し暑いね〜
It's humid today.
イッツ ヒューミッド トゥデイ

ヘイヘイ

いやそうでもないな

なんせオレたちはエクアドルから来たからね！

この程度の暑さじゃあぜんぜん！

…で そのエクアドルってどこの国だっけ…？

勉強不足…

アメリカだっけ？
マジかよ
gotta be kidding.

※ちなみに、エクアドルはスペイン語でズバリ「赤道」という意味の南米の国 海岸地帯は気温が40℃になることもある ガラパゴス諸島で有名

56

ロックスターを夢見るフリーターが外国人をおもてなし！ の章

No.42 「どうでもいい」
"It doesn't matter."

"It doesn't matter."
イッ ダズント マター

「どうでもいい」

解説

①：「そんなの関係ないね」などと、目の前の問題を軽く一蹴するときのフレーズです。

②：「matter」は、ここでは「問題である」という意味の動詞で使われています。

③：直訳すると「それは問題ではありません」となります。

発展

「どうでもよさ（問題じゃないということ）」をさらに強めたい場合は、以下のようになります。

"It doesn't matter at all!"
イッ ダズント マター アトール

「本当にどうでもいいんだ！」

あのね〜 ぼくね〜 きのうね〜 ハラジュクいったネ〜

かわいいふくがいっぱいあったネ〜 ぼく ほしいネ〜

それはどうでもいい
It doesn't matter.
イッ ダズント マター

…あのさ キミのその日本語の話し方 ものすごく変だぜ

フンッ

そんなことは分かってる でもな…

このしゃべり方だと日本の女の子にモテモテなのさ！

なるほどたしかに

ぼく かわいいネ〜

キャー キャー かわいい〜 キャー

みんな知ってる日本語なのに　英語で言えないあのフレーズ

No.43 「ていうか…」
"I mean..."

"I mean..."
アイ　ミーン

「ていうか…」

解説

①：「あー、いや、っていうかー…」などと、相手の言ったことを軽く打ち消すときのフレーズです。
この表現は日常生活で多用されており、口癖のように連発する人もたくさんいます。

②：「mean」には、様々な品詞と意味がありますが、ここでは、「意味する」という意味の動詞で使われているので、直訳は以下のようになります。
「(いや、そうではなくて)私が意味するのは…」

③：相手の言ったことを打ち消すだけではなく、「つまり…」と、自分が以前言ったことを詳しく言い直す場合にも使われます。

オーストラリア人の友人が日本名物「カツ丼」を食べてみたいというので食べさせてあげた

これはウマい！
だろ？

しかしカツ丼をたらふく食べた後で…

コンビニで何を買ったんだ？
パンだよ
パン？

あれだけ食べてまだ足りないのかよ？

ていうか…
I mean
アイ　ミーン
いや

ライスを食べた後のシメにはやっぱりパンを食べないと！

どうやら日本人が洋食を食べた後シメでオニギリが食べたくなるような感覚らしい

お前もくうか？
いらね

ロックスターを夢見るフリーターが外国人をおもてなし！ の章

No.44 「さかさま」
"upside down"

"It's upside down."
イッツ　アップサイ　ダウン

「さかさまだよ」

解説

①：文字通り「上下逆ですよ」というフレーズです。

②：「upside」は「上側」で、「down」は「下へ」なので、これらをつなげて、「upside down」、つまり、「上下が逆の」という意味の形容詞になります。

発展

これと似たようなものに、以下の表現があります。これは、「inside」が「内側」で「out」が「外へ」なので、つなげて「裏表が逆の」となるのです。

"It's inside out."
イッツ　インサイドアウト

「裏表逆だよ」

みんな知ってる日本語なのに 英語で言えないあのフレーズ

No.45 「意味不明」
"It doesn't make sense."

"It doesn't make sense."
イッ ダズント メイク センス
「意味不明だ（わけが分からない）」

解説

①：理解が追いつかない出来事に遭遇したときのフレーズです。

②：「sense」は、「感覚」以外に、「意味」という意味もあります。そして、「make sense」で、「意味をなす」という意味の熟語になります。

発展

「make sense」を肯定文で使いたいときには、以下のようになります。

"That makes sense!"
ダッ メイクス センス
「なるほどね！（納得！）」

初めて日本にやって来たアメリカ人のジェフは興奮気味だ

「ゲイシャとニンジャはどこだー!!」
「いねーよ」

はい ティッシュ どうぞー

無料のティッシュだよ
なんだコレは？
What?
なぜオレに？
USA

そこで売ってるティッシュが有料でこのティッシュはなぜ無料なんだ!?

What's going on!?
いちいち声がデカいんだよ…
わけがわからん
It doesn't make sense.
イッダズントメイクセンス
うぉー

ロックスターを夢見るフリーターが外国人をおもてなし！ の章

No.46 「空気読めよ！」
"Sense the atmosphere!"

"Sense the atmosphere!"
センス ディ アトモスフィア

「空気読めよ！」

解説

①：一昔前に「KY（空気読めない）」という言葉が流行りましたが、そんなKYな人に対して、釘を刺すフレーズです。

②：「sense」は、「〜に感づく」という意味の動詞で、「atmosphere」は、「雰囲気」という意味の名詞です。
ここでは命令文として使われているので、直訳は「雰囲気に感づきなさい！」となります。

発展

似たようなケースで、相手が鈍感過ぎてこちらの本意に気づかない場合には、以下のように言うといいでしょう。

"Read between the lines!"
リード ビトウィーン ダ ラインズ

「行間を読め！」

ジェフがどうしても座禅を経験したいとうので禅寺に連れてきた

おおまさにジャパンって感じだな

だ？

デカい声で話しかけるなって

空気読めよ…
Sense the atmosphere.

what atmosphere

しーん

ヘイ！あの坊主は何で棒を持ってウロウロしてるんだ？

すすすす

ジッ

バシバシ

グオー

アウ

うるせーなったく…

ん

オレに何か用か？

だまれバカ

みんな知ってる日本語なのに　英語で言えないあのフレーズ

No.47
「今やろうとしていたところだ」
"I was about to do it."

"I was about to do it."
アイ　ワズ　アバウ　トゥ　ドゥ　イッ

「今やろうとしていたところだ」

解説

①：マンガでは過去形で書かれていますが、「be about to〜」は、「これから何かをする予定（漠然とした未来）」というよりも、「今まさに行為に入る寸前（直後の未来）」という場合に使うフレーズです。

②：「about」は、「〜について」や「約〜」の意味でよく知られていますが、「be about to〜」という熟語になると「今まさに〜しようとする」という意味になります。

発展

「出発直前」ならば、例えば以下のように言います。

"She is just about to leave."
シー　イズ　ジャス　アバウト　トゥ　リーヴ

「彼女は今出かけようとしているところだ」

最近は身近な場所でも外国人観光客の姿を目にすることが多くなった

キョロキョロ
牛丼屋にもひとりで入ってくるんだな…

牛めし

？クンクン？

牛めしの並です
ホカホカ

それは「紅ショウガ」だ
牛丼に乗せて食べるんだよ

ヘイ！

中には親切にしても感じが悪いヤツもいるのでそんなヤツには身をもって失敗してもらうしかない

今やろうとしていたところだ
I was about to do it.
アイ ワズ アバウト トゥ ドゥ イッ

そんなの知ってる！

ババッ

あーあ ひと瓶かけさまだ…
カライぞー

ロックスターを夢見るフリーターが外国人をおもてなし！ の章

No.48 「話聞いてる?」
"Are you with me?"

"Are you with me?"
アー ユー ウィズ ミー
「話聞いてる?」

解説

①：上の空でいる相手に向かって、こちらの話をちゃんと聞いているかどうか確認するフレーズです。

②：「with」は、「〜と一緒に」という意味の前置詞です。

③：直訳すると「あなたは私と一緒にいますか?」となります。

発展

もう少しストレートな言い方をしたければ、以下のような表現もありますが、意味はほとんど同じです。

"Do you hear me?"
ドゥ ユー ヒヤ ミー
「聞こえてる?」

あれが有名な浅草寺の大提灯ね

で あそこに見えるのが…

話聞いてる?
Are you with me?
アー ユー ウィズ ミー

いやあ というかね…

ヘイヘイ

ん?

いやあ おどろいた

日本人って本当にみんな同じ顔してるんだな…

どうやら彼の目には日本人の集団がこんなふうに見えているらしい

同じ顔に同じ服…どうやって固体を識別してるんだ?

犬みたいににおいでわかるのか?

大きなお世話だ このやろう

みんな知ってる日本語なのに 英語で言えないあのフレーズ

No.49 「連絡してね」
"Keep in touch."

"keep in touch."
キーピン タッチ

「連絡してね」

解説

①：別れ際などで「これからも連絡を取り合おうね」という気持ちを伝えるためのフレーズです。

②：ここでは、「keep」が「保つ」という意味の動詞で、「touch」は「接触」という意味の名詞で使われています。
そして「keep in touch」で「接触を保つ(＝連絡を取り続ける)」という意味になります。

発展

このフレーズに対しては、以下のように返事をします。

"Of course I will."
オヴコース アイ ウィル

「もちろんそうするよ」

今日知り合ったばかりのスイス人の女の子が帰国するというので成田空港まで見送りにきた

成田国際空港
Narita Airport Terminal 1

じゃあここで…

たとえ一緒にいた時間がわずかでもさよならは切ない

うん…

連絡してね
Keep in touch.
キーピン タッチ

もちもちもちろん
Yes Yes

約束よ

チュッ

ゴー

ってアドレス聞いてねぇじゃーん！

ぐしゃぐしゃ

あー

ロックスターを夢見るフリーターが外国人をおもてなし！の章

No.50 「全然分からない」
"Beats me."

"Beats me."
ビーツ　ミー

「全然分からない」

解説

①：全く想像もつかない物事に対して、「何なのか（何事なのか）さっぱり分かんねえよ！」と言い捨てるときのフレーズです。

②：簡単に言うと「I don't know（分かりません）」と同じ意味ですが、それよりも雑で荒っぽい表現です。

発展

これを丁寧に言うと、以下のようになります。

"I don't have the slightest idea."
アイ　ドゥント　ハヴ　ダ　スライテスト　アイディア

「これっぽっちも分からない」

【コマ1】ニュージーランド出身の友人が日本に初めてやって来た　！？

【コマ2】あれは何だ？電柱に付いてるあの装置　とあ？

【コマ3】だったらあそこの建物の上の印は何だ？　ヘイ

【コマ4】じゃあ この道端の杭は何のためにあるんだ？　知らん

【コマ5】全然わかんねえ！ Beats me！ビーツミー　もう少し一般的な質問はないのかい？スカイツリーがどうしたとか、アキハバラとか天ぷらとかよお　ヘイヘイ

【コマ6】ああ なるほど確かに…　で この猫は何をしてるんだ？　知るかっ フツーの　そんな情報はスマホで一瞬にして調べられるからキミに聞くまでもない

みんな知ってる日本語なのに 英語で言えないあのフレーズ

No.51 「退屈だ」
"I'm bored."

"I'm bored."
アイム ボーアド

「退屈だ」

解説

①：自分が退屈しているときのフレーズです。
ちなみに、よく似ていますが、「I'm boreing」と言うと、「私は退屈な人間です」となってしまいます。

②：「bore」は「退屈させる」という意味の動詞ですが、「be動詞＋過去分詞」で受動態（〜される）になるので、「退屈させられる→退屈である」となるわけです。

発展

「bore」と同様の使い方をする動詞をいくつか挙げておきます。

・**「surprise(驚かせる)」**
（例）I'm surprised.（驚いています）

・**「tire(疲れさせる)」**
（例）I'm tired.（疲れています）

・**「disappoint(失望させる)」**
（例）I'm disappointed.（失望しています）

ロックスターを夢見るフリーターが外国人をおもてなし！ の章

No.52 「その話はやめて」
"Give it a rest."

"Give it a rest."
ギヴィッタ ウレスト

「その話はやめて」

解説

「おいおい、いい加減に、もうその話はするなよ」という感じで、相手の話を途中でさえぎるときに使うフレーズです。

発展

似たような表現としては、以下のようなものがありますが、上記と同様、かなりラフな言葉なので、相手と状況を選んで使う必要があるでしょう。

"Cut it out."
カッティッ タウト

「いい加減にしろ」

日本フリークのオーストラリア人ジャスティンが2度目の来日を果たした

ハーイ！
It's been a long time.

これは何て書いてあるんだ？
あなたは猫のおしりですか
I love JAPAN
そう言えばお前前回来たときひどい日本語Tシャツを着てたよなあ
覚えてるだろ？
HAHA あれね

もう その話はしないでくれよ
Give it a rest.
ギヴィッタ ウレスト
HAHAHA

え？
芸者どのに会ったらよろしくごめんなさいね

いや…
今回はさらにパワーアップした意味不明さだぞお前…

読めねえなら着てくんじゃねーよ
恥ずかしいじゃねーか

みんな知ってる日本語なのに　英語で言えないあのフレーズ

No.53 「はいチーズ!」
"Say cheese!"

"Say cheese!"
セイ　　チーズ

「はいチーズ!」

解説

①：昔から、写真を撮る際に口にする謎のフレーズ「はいチーズ!」。なぜ、「バター」でも「ミルク」でもなくチーズなのか？と不思議に思ったことがある方もいると思いますが、英語が分かれば答えは簡単。

つまり、「チーズ」の「イー」と発音する部分で、口が真横に広がるため、自然と笑顔になるという仕組みです。

しかし、そのためには、「チーズ」の「チー」にアクセントがくる英語の発音でなければならず、日本語風に「チーズ」の「ズ」を強くはっきり発音すると、シャッターが押される瞬間に口が「う」の形にとんがってしまいます。

②：ちなみに韓国では「はいチーズ」と同じ理屈で、「はいキムチ〜」と言うそうです。
日本では「はいお寿司〜」と言ってもいいかもしれませんね。

よーし全員で記念写真を撮ろう!

Gather around

ワイワイ

ガヤガヤ

はいチーズ！
Say Cheese!

みんな笑って！

直訳は「チーズと言って！」であるから撮られる人が「チーズ！」と言う。

OK！

チーズ

チーズ

ちいず

チーズ

外国人と写真を撮るとなんでいつもオレだけ口がとんがってるんだろ…？

日本語で「チーズ」と発音すると「ズ」にアクセントがきてしまい口がとんがってしまうのである

うーむ

笑顔には自信あるのにな…

うーん不思議だ…

ロックスターを夢見るフリーターが外国人をおもてなし！ の章

No.54 「落ち着いて」
"Calm down."

"Calm down."
カーム　ダウン

「落ち着いて」

解説

①：興奮している人を「まあまあ」となだめるフレーズです。

②：「calm」は、ここでは「気が静まる」という意味の動詞で使われています。
また、発音は「カルム」ではなく「カーム」であることに注意が必要です。

発展

同様の意味で、以下のような表現もあります。

"Take it easy relax."
テイキッ　イーズィ　リラックス

「落ち着いて」

夏——
お肌の露出の多い
薄着の季節

よりにもよってそんな季節に

禁欲のイスラムの国から友人が初来日した…

落ち着けよ
Calm down.
カーム ダウン

うおー！
あれはみんな現実の女なのかぁ！！

キィキィ
街中で吠えるな

ウオーワゥー

女がみんなハダカだー！！
どうすればいいんだー！？

ハダカじゃねーだろ

無理だー！！

落ち着けるかー！

No.55 「ありえない」
"It can't be."

"It can't be."
イッ キャーント ビー

「ありえない」

解説

①：可能性を打ち消すときのフレーズです。

②：助動詞「can」には、「〜できる（可能）」「〜してよい（許可）」の他に「ありうる」という「可能性」を表す意味もあります。
そして、ここではその否定形なので「ありえない（〜はずがない）」と訳されます。
（例）He can't be my son.（彼が私の息子のはずがない）

発展

「ありえない」には、以下の言い方もあります。

"That's impossible."
ダッツ インポスィブル

「ありえない」

電車内で日本に留学中だという女の子と仲良くなった

彼女はかなり日本語が話せるようだ

「わたし日本語大丈夫です」
「Where do you come fro...」

ガタンゴトン

この間彼氏の誕生日に「土地付きの木」をあげました

え？土地付き？

ありえない... It can't be.

土地付きの木？ひょろひょろ あはは
どんなんだ？

これが写真ですあなたに見せてあげましょう

ああ観葉植物ねはいはい…

なるほどたしかに土地付きだわ…

彼氏のジェイクも横にあります

ロックスターを夢見るフリーターが外国人をおもてなし！ の章

No.56 「マジで？」
"For real?"

"For real?"
フォー ゥリール

「マジで？」

解説

親しい友人や家族と話すときには、つい「マジで？」という言葉を連発してしまいますが、それを英語で言うとこのフレーズになります。

発展

ただし、これはかなりラフな言い方なので、もう少しきちんと「本当ですか？」と表現したいときには、以下のように言うといいでしょう。

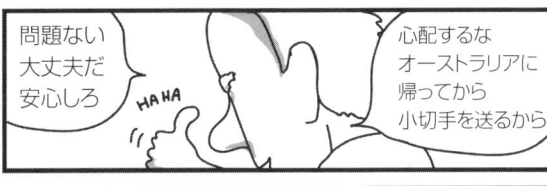

"Are you sure?"
アー ユー ショー

"Are you serious?"
アー ユー スィリアス

"seriously?"
スィリアスリィ

「本当ですか？」

マジで？
For real?
フォー ゥリール

じゃあ この前貸してやった3万円はどうすんだ!?

実は 今日オーストラリアに帰ることになったんだ

Back for good

SURF AT OWN RISK

は？今日？

問題ない 大丈夫だ 安心しろ

HAHA

心配するな オーストラリアに帰ってから小切手を送るから

オレはよく約束を忘れるいい加減な野郎だけど親友を裏切るようなマネだけはしねえぞ

本当だ 神に誓ってもいい！

てゆーか、おたくが今抱えてるサーフボードもオレが貸してるやっじゃねーかよ…

本当かよ〜？信じられん…

そんなこと言うなよ親友！

Come on!

GONE SURFING

71

みんな知ってる日本語なのに　英語で言えないあのフレーズ

No.57 「ちょっと不安だ」
"I'm a little nervous."

"I'm a little nervous."
アイマ　リル　ナーヴァス
「ちょっと不安だ」

解説

①：精神的な緊張状態を表すフレーズです。

②：「nervous（ナーバス）」は、カタカナ語として日本でも使われますが、「神経質な、緊張した、イライラした、ソワソワした」など、様々な訳が当てはまる形容詞です。
また、そもそも「nerve」が「神経」という意味なので、神経が高ぶっているような状態すべてに関係する言葉だと考えればよいでしょう。

発展

似たような表現としては、以下のようなものがあります。

"I feel uneasy."
アイ　フィール　アニーズィ

「不安だ」

かけソバ 2つ お待ち！
ごん
そば　うどん
いらっしゃい!!
ガラガラ
営業中

ちょっと不安だな
I'm a little nervous.
心の準備はできたか？

わざと音を立ててメシを食うなんて人間じゃねえ!!
ムリだあ！
NO NO NO

よし！教えた通り思い切り音を立てて麺をすすれ！

外国人は食事中に音を立てることを極端に嫌うのでソバ屋やラーメン屋に連れていくとパニックってちょっと面白い

あっそう
ずずずず

ずっ…
ウッ…
ビクッ

ロックスターを夢見るフリーターが外国人をおもてなし！ の章

No.58 「まずいことになった」
"It's getting worse."

"It's getting worse."
イッツ ゲリン ワース

「まずいことになった」

解説

①：自分のまわりの状況が徐々に悪化していっているときのフレーズです。

②：「worse」は、「bad」の比較級で、「より悪い」という意味の形容詞です。
そして「be getting 〜」は、「だんだん〜になってくる」という意味なので直訳すると「(状況が) だんだん悪くなってきている」となります。

発展

「be getting 〜」は、以下のように応用することができます。

"It's getting dark outside."
イッツ ゲリン ダーク アウトサイド

「外がだんだん暗くなってきた」

みんな知ってる日本語なのに 英語で言えないあのフレーズ

No.59 「おめでとう!」
"Congratulations!"

"Conguratu-lations!"
コングラチュレイションズ
「おめでとう!」

解説

①：お祝い全般に言えるフレーズです。

②：最近、芸能人などがテレビで使ったりするのをよく耳にしますが、ほとんどの場合、語尾の「s」が無視されています。
つまり、正しい発音は「コングラチュレイション」ではなく、「コングラチュレイションズ」です。

発展

「○○（お祝いの理由）〜おめでとう!」と、何についてのおめでとうなのかも言いたければ、congratulations の後に前置詞の「on」を付ければOKです。

"Conguratu-lations on your wedding!"
コングラチュレイションズ オン
ヨー ウェディン
「結婚おめでとう!」

（1コマ目）
のしのし
おっ
A VISIT FROM THE STORK

（2コマ目）
外国人の妊婦さんだ
日本を観光中なんだろうな…
これはめでたいやおめでとうって言わなきゃ

（3コマ目）
おめでとう!
Congratulations!
コングラチュレイションズ
こんにちは!赤ちゃんが生まれるんですね
すたすたすたすた
あははははは

（4コマ目）
赤ちゃんじゃないわよ!
あたしがデブだとでも言いたいの!?
バチーン

74

ロックスターを夢見るフリーターが外国人をおもてなし！ の章

No.60 「元気でね」
"Stay GENKI."

"Stay GENKI."
ステイ　ゲンキー

「元気でね」

解説

①: お別れのフレーズです。

②: 「stay」は、「～（の状態でいる）」という意味の動詞であり、ここでは、命令文になっているので、直訳は「元気でいてください」です。

③: ある程度の期間、日本に滞在した外国人は「GENKI（元気）」という日本語を知っている場合が多く、彼らが日本を去るときには、この言葉を送ることができます。

発展

「GENKI」という日本語を使わなければ、以下のように言うこともできます。

"Take care of yourself."
テイク　ケア　オブ　ヨーセルフ

「体に気をつけてね」

最近 ヒマになるとついフラっと成田空港に行ってしまう

そして 見ず知らずの外国人に話しかけてしまうのだ

ああ… たっぷり楽しんだぜ

やあ！日本は楽しかった？

じゃあ、元気で Stay GENKI.

誰だか知らんがおたくもな！

しかし 帰り道で… あれっ 財布がねぇ！

フレンドリーだからって外国人がみんな良い人だと思うのは大間違いなので気をつけなければならない

コラム　外国人に言われて気づいた「日本語の特徴」

普段、われわれは特に意識することもなく当たり前のように日本語を話していますが、日本語を勉強する外国人に改めて言われると、「なるほど確かに!」と納得してしまう日本語の特徴があります。

それは、**日本語の語尾には必ず「母音」が付く**ということです。

つまり、日本語の単語は、他の言語のようなものがなく、ほぼ100％「あ」「い」「う」「え」「お」の母音を伴うということです（「ん」の音や特殊な方言を除いて）。

例えば、「私は日本人です」→「ああいあ（わたしは）いおんいん（にほんじん）えう（です）」、「君は美しい」→「いいあ（きみは）ううういい（うつくしい）」といった具合です。

私にこのことを初めて意識させてくれたのは、日本語検定を取得するために来日した、スーズィという名のイタリア人女性でした。

彼女は、初めて訪れた東京で買い物をする際に、この日本語の特徴をうまく利用して、ピンチを切り抜けたそうです。

スーズィは、ミルクやチーズ、ヨーグルトといった乳製品が大好物で、朝昼晩の食事にこれらを欠かしたことがなく、日本に着いた次の日の朝、さっそく近所のコンビニに乳製品を買いにいきました。

ところが、ミルクとチーズは見つかったのですが、日本語があまり読めないスーズィは、どうしてもヨーグルトを見つけられません。

そこに都合よく店員がやって来ました。

スーズィは、イタリアの語学学校で覚えた日本語を試すことにしました。

「アノ、スミマセン、yogurtはドコデスカ？」

コラム

「は？　何ですか？」と店員。
「yogurtはドコデスカ？」
「えっ？　ヨウ……何？」

悲しいことに、彼女の「ヨーグルト」の発音は、英語の発音（yogurt：ヨウグート）であって、語尾の子音「t」は、日本人にはほとんど聞き取れません。それゆえ、店員はスーズィが何をほしがっているのか分かりませんでした。

困ったスーズィは、そのときふと、イタリアで勉強した日本語のテキストを思い出しました。

そうだ、「日本語の語尾には必ず母音が付いている」はず……。

スーズィは改めて店員に話しかけました。

「ヨウグーた？」
「は？」
「ヨウグーてぃ？」
「は？」
「ヨウグーとぅ？」
「は？」
「ヨウグーて？」
「分かんないな……」

スーズィはyogurtの**語尾に、「あ」から順に、あいうえおの母音を付けていったのです。**

そして最後に聞きました。

「ヨウグーと？」
「ああ、ヨーグルトね！　ヨーグルトはこちらですよ」

こうして、彼女は無事ヨーグルトを手に入れられたそうです。

77

トラブルに巻き込まれ過ぎる元教師！の章

思えばすさまじい日々だった

「なんだとてめえ!!この野郎」

3年3組

授業中の怒鳴り込み

「オレを誰だと思ってやがる？親だぞ!!」

帰り道での待ち伏せ

「う…」「また来た」「あのっ…」「ご相談が…」

坂本金七（46）

元・中学校の英語教師。
モンスターペアレントたちからの執拗な嫌がらせに対し、ある日とうとうブチ切れて教師を退職する。
傷ついた心を癒すために外国旅行を思い立つ。元英語教師なので英会話も堪能。

I don't know where to go.

脅迫

「いいこと？うちの娘を都立のT高校に入れなさい」
「うちの息子は私立のK高校よいいわね？」
「約束を破ったりしたらどんな目に遭うか分かってるわよね？」

ぴたぴた

1日中鳴り止まない電話

…

♪ディンティンテロリロリン♪
♪リンリンリロリン♪

さらにちょっとした暴行…

「うちの子のテストが0点ってあなた何様のつもり!?」
「テストの作り方も知らないの？」
「ねえちょっと」「いてて」「あなた神様？」

バシバシ

毎日毎日繰り返されるモンスターペアレントからの猛攻に私の心と身体はズタボロに疲弊していた

はー

もう何もかも捨てよう

そうだ！

そして外国に行こう

うん うん そうしよう

ガラララ

私は今日限りで教師を辞めることにしました！

文句があるヤツは家に帰って親にでも何でも言ってください！ワッハッハ!!

ははは！

おぉ

そして私は外国へと旅立った

ゴーッ

みんな知ってる日本語なのに 英語で言えないあのフレーズ

No.61 「ムダだ」
"No use."

"No use."
ノウ　ユース
「ムダだ」

解説

①：相手に何かをあきらめさせるためのフレーズです。

②：「use」は、「使う」という意味の動詞で有名ですが、ここでは、「役に立つこと」という意味の名詞で使われていて、発音も「ユーズ」ではなく「ユース」と、最後の「se」が濁りません。

③：直訳すると「役に立つことがない」→「ムダだ」となるわけです。

発展

「〜してもムダですよ」と言うには、「use」の後に〜 ing の形（動名詞）を付ければOKです。

"It's no use
イッツ　ノウ　ユース
complaining
コンプレイニング
about it."
アバウト　イッ

「それについて文句を言ってもムダだよ」

乗客のまばらな夜のバス…

前の席に座っていた若者が強盗に早変わりするなんてこともある

取れねえ！

いい時計をしているな…それをよこしな

バンドが錆びてて私にも外せないんだから…

無駄ですよ
No use.
ノウ　ユース

じゃあ手首ごと切り取っちまおう

ちょっとまってはずすはずす

うごかねえように押さえてろ

No problem!

80

トラブルに巻き込まれ過ぎる元教師！の章

No.62 「うける～」
"Funny."

"Funny."
ファニィ

「うける～」

解説

①：「面白い！」と言いたいときのフレーズですが、日本語と同様、本当は全然面白くないときに、皮肉として「面白いね～」という感じでも使われます。

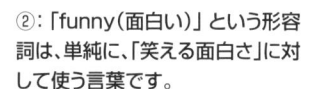

②：「funny（面白い）」という形容詞は、単純に、「笑える面白さ」に対して使う言葉です。
似た形容詞に「interesting（面白い）」がありますが、こちらは「笑える」というよりもむしろ、世界遺産を見たときのような、「興味深い面白さ」に対して使う言葉です。

発展

もう少し強く「超うける！」と言いたければ、以下の表現があります。

"Hilarious!"
ヒラリアス

「超うける！」

街のカフェで人間ウォッチングをしているとときどき素晴らしい美人に出会うことがある

あっ♡こんにちは
失礼ですがあなたはとても美しいですね！

おお♡

あら！どうもありがとう

フフフ

うける～!!
Funny!!
ファニィ

でも
う～ん

もうちょっとだけ背が高くて足が長ければ本物のファッションモデルみたいなんですけどね～…

おしいな～

あ、でもボク的には十分キレイですよ

外国では女性に対して絶対に否定的なことを言ってはならない

あ～っ
ガタタッ

ガッ
ぐっ

You're such an idiot!

おもしろいわ

みんな知ってる日本語なのに　英語で言えないあのフレーズ

No.63 「ボッタクリ」
"rip off"

"What a rip off!"
ワラ リッポフ

「ボッタクリだ!」

解説

①: 法外な料金を要求された時に言うフレーズです。

②: これは感嘆文なので、ここでの「what」は「何?」という意味の疑問詞ではなく「何て〜なの!」という意味の感嘆詞です。

③: そもそも「rip」は「剥ぎ取る」という意味の動詞ですが、ここでは名詞として使われています。そして、「rip off」で「人からお金を剥ぎ取ること」つまり「ボッタクリ」という意味になるわけです。

④: 直訳は、「何てボッタクリなんだ!」です

私はいわゆるスケベであるだからこういういかがわしい店が嫌いではない

Pole dance

何だと!? ビール1杯で40ドルぅ? 日本円で4千円だとぅ?

チップ込みで40ドルよ

なんというボッタクリだ!! What a rip off!! なめるなよ

ポールダンスに興奮したのか気が大きくなっていたようだ

2度と来るんじゃねえぞ! はい…

とはいえ結末はいつもと同じである…

82

トラブルに巻き込まれ過ぎる元教師！の章

No.64 「お先にどうぞ」
"After you."

"After you."
アフター ユー

「お先にどうぞ」

解説

①：先へ進むように促すときのフレーズです。

②：「after ～」は、「～の後」という意味で、反対に「～の前」は、「before ～」となります。

③：直訳は、「あなたの後で（私は行きます）」です。

発展

多少ラフになりますが、以下のような表現もあります。

"Go ahead."
ゴウ アヘッド

「先に行って」

ヨーロッパは伝統的にレディ・ファーストだが「レディ」の定義がかなり広いことに驚かされる

お先にどうぞ
After you.
アフター ユー

こんな小学生の女の子も一応レディなわけか…

Thank you.

すた すた すた

ん？

なんだじいさんか

ヒゲ

あ また レディが 来た

じゃあ いいや 先に 行こう

！

すっ

レディに道を譲らないなんてあなた いったいどういう神経してるの？

コンコン

外国にはヒゲが生えたレディ（おばあさん）もいるので要注意である

いてっ

みんな知ってる日本語なのに 英語で言えないあのフレーズ

No.65 「ここだけの話…」
"Just between you and me…"

"Just between you and me…"
ジャス ビトゥウィーン ユー エン ミー
「ここだけの話…」

解説

①：何か他人に秘密にしてほしいことを打ち明けるためのフレーズです。

②：「between」は、「〜の間」という意味の前置詞です。これは「2点（2者）の間」という意味で使われます。

③直訳は、「私とあなたの間だけで…」となります。

発展

ほぼ同じ意味ですが、以下のような変わった表現もあります。

"Keep it under your hat."
キーピット アンダー ヨー ハット
「帽子の下にしまっておけ」
↓
「秘密にしていろ」

ここだけの話…
Just between you and me…
ジャス ビトゥウィーン ユー エン ミー

私は一見弱そうだが中学生時代は3ヶ月間も剣道部に所属していた

私は日本のサムライの末裔でケンドーのマスターなのだよ

本当は凶暴な野獣のごとき危険な男なのだよ

わかるかね？

…で その刀は今日はどこにあるんだ？

普段は刀を持ってね…

メーン

ダダッ

とか やってるんだよ

虚勢を張っても強盗にはまず通用しない

うん じゃあ早く金目のものを出せ

日本に置いてきました…

お 早出せ

トラブルに巻き込まれ過ぎる元教師！の章

No.66 「故障している」
"It's out of order."

"It's out of order."
イッツ　アウトヴ　オーダー

「故障している」

解説

①：機械などが故障しているときのフレーズです。

②：「order」は、「命令、注文」という意味の名詞です。
そして、「out of order」で、「命令の外にある」つまり、「故障中」という意味になるわけです。

発展

もっと簡単に、以下のように言い換えることもできます。

"It's broken."
イッツ　ブロウクン

"It doesn't work."
イッ　ダズント　ワーク

「故障している」

日本と違って外国では普通、自動販売機は屋内に設置されている

そうしないとあっという間に叩き壊されて中の現金と商品を盗まれてしまうからだ

自販機は vending machine
ヴェンディング　マシーン

ノドが乾いたからジュースでも買おう

でっかいボタンだな

ガシャ

しーん…
おいおい

えっ!?冗談じゃないよ出てこないじゃないか！

故障してますよ
It's out of order.
イッツ　アウトヴ　オーダー

どうかしたの？
Any trouble?

故障してないわよ
Here you go!

してますって……

えー本当？

バンバンバン
ガンガン
ゴロン

みんな知ってる日本語なのに 英語で言えないあのフレーズ

No.67 「好みのタイプ」
"my kind"

"You are my kind."
ユー アー マイ カインド

「あなたは私のタイプだ」

解説

①：ズバリ、相手に好意を伝えるためのフレーズです。

②：「kind」は、「親切な」という意味の形容詞で有名ですが、ここでは「性に合った人」という、ちょっと変わった意味の名詞で使われています。

発展

「kind」の代わりに、普段、日本語でも使う「type（タイプ）」という言葉を置いても構いません。

"You are my type."
ユー アー マイ タイプ

「あなたは私のタイプだ」

ニューヨークの街を歩いているとときどき信じられないほど恐い風貌の人に出会うことがある

何という凶悪な人相…

目が合ったらヤバそうだから横向いてよう…

ヘイ！お前東洋人！

しかし不運は避けようとして避けられるものではない

おまえは俺のタイプだ
You are my kind.
ユーアー マイ カインド

オレをよく見ろ

はぁ？

これからオレとヤラないか？どうだ？

普通に絡まれたほうがマシだったかもしれない…

あのぅ… NO えーと… NO Come on!

※右ピアスはゲイのしるし

86

トラブルに巻き込まれ過ぎる元教師！ の章

No.68　「黙れ！」
"Hold your tongue!"

"Hold your tongue!"
ホウルジョー タン
「黙れ！」

解説

①：「黙れ」「うるさい」など、相手の発言を抑えるフレーズは数多くありますが、その中のひとつです。

②：「hold」は、「つかむ、固定する」という意味の動詞です。
そして「tongue」は、焼肉でもお馴染みの牛タンの「タン」、つまり「舌」という意味の名詞です。

③直訳は「あなたの舌を固定してください」です。

発展

有名なこのフレーズも、同じ意味です。

"Shut up!"
シャラップ
「黙れ！」

久しぶりに日本食品店に買出しにきた

SHOGUN STORE JAPANESE FOOD
よろこそいらっしゃいましたね
JAPANESE FOOD

これで当分日本食には困らないぞ

とんかつソース
カップ焼きそば
味付け海苔に
梅干しと納豆も…

ノロノロ歩いてるとケツを蹴っ飛ばすぜ！
ヘイ！邪魔だよおっさん！
Out of my way!
HUMBLE

だまれ!!
Hold your tongue!
ホウル ジョー タン
何!?
HUMB!

おい…食った ぞ…
ずるるるる
気持ち悪い…
Look at this
ふへへ
どうだ

ぐわっ
臭っ
ちょっとこれを嗅いでみろ
ぷ〜ん
納豆

みんな知ってる日本語なのに 英語で言えないあのフレーズ

No.69 「～みたいな」
"something like～"

"something like～"
サムスィン ライク

「～みたいな」

解説

①:「～とか何とかそんな感じのこと(もの)を…」などと、物事をはっきりと限定したくないときに使うフレーズです。

②:「something」は、「何か～もの」という名詞です。また、「like」は、「好き」という意味の動詞ではなく、ここでは「～のような」という意味の前置詞として使われています。

③: 日本人の大好きなあいまい表現なので、英語にちょっと慣れてくると、思わず多用してしまうフレーズです。
何を頼むか限定せず、飲み物を注文するときは、以下のように言います。
（例）Do you have coffee, tea, or something like that?
（コーヒーか紅茶か何か、そんな感じのものありますか?)

で 言ったんです「あなたから恋の矢が飛んできて私のハートに突き刺さった」とか何とか

道を歩いていると絶世の美女が前方からやって来まして…

その後 口移しでお酒を飲ませてもらったりして そしたら 急に眠気に襲われて…

That was fantastic
いやぁ ははは

そんな感じのことを…
Something like that...
サムスィン ライク ダッ

気づいたらこのホテルの部屋で全裸で眠っていたと…

パンツまでとられたのかよ
アホだな

はい そんな感じです…

で カバンや財布だけでなく靴から下着に至るまで何から何まで盗まれたということですね?

トラブルに巻き込まれ過ぎる元教師！ の章

No.70 「覚えてろよ」
"You're gonna be sorry for this."

"You're gonna be sorry for this."
ユア ゴナ ビー ソーリィ フォー ディス

「覚えてろよ」
（後で後悔するぜ）

解説

①：「後で後悔するぞ…」と、相手に警告を与える表現です。使い方によってはカッコよく聞こえるかもしれませんが、トラブルを招く可能性大のフレーズです。

②：「be gonna」は、「be going to」を省略したラフな言い方です。助動詞の「will（〜だろう）」で代用しても構いません。

③：「sorry」は「かわいそう、後悔、気の毒、残念」など、マイナスの気持ちを広く表す形容詞で、実に様々な訳が当てはまります。

④：「覚えてろよ」というのは意訳であり、直訳は、「あなたはこれに対して後悔するだろう」となります。

みんな知ってる日本語なのに 英語で言えないあのフレーズ

No.71 「そりゃそうだ」
"I bet."

"I bet."
アイ ベッ

「そりゃそうだ」

解説

①：相手の言ったことに対して「その通りですね！」と、強い同意を示すフレーズです。

②：「bet」は、「賭ける」という意味の動詞なので、直訳すると「(あなたの言うことが正しいことに)私は賭けます」となります。

発展

それとは反対に、「そうかなあ？」と疑いを示すときには、以下のように言います。

"I doubt it."
アイ ダウリッ

「それはどうかな」

路地裏で…

あっ 誰かが道に倒れてる！

ヘイ どうかしたのか？

はっ、おまおまおまわりさん…!!

そろそろ

あの〜… 血が出てますけど大丈夫？

そりゃそうだ
I bet.
アイ ベッ

違う！私は無実です！本当です！！

介抱してただけだ！

おっしゃる通り…

お前みたいなヤツがこんな大男を倒せるわけがない

ウアアア

トラブルに巻き込まれ過ぎる元教師！ の章

No.72 「車に乗せてあげる」
"I'll give you a ride."

"I'll give you a ride."
アイル ギヴ ユー ア ライド

「車に乗せてあげる」

解説

①：誰かを車に乗せてあげるときのフレーズです。
特に、アメリカ西部など、車が足代わりである地域では、頻繁に使う表現です。

②：「give ～ a ride」は、「～を車に乗せてあげる」という意味の熟語です。
このまま丸ごと覚えてしまうと便利です。

発展

逆に、自分が誰かの車に乗せてほしいときは、以下のように言います。

"Can you give me a ride?"
キャニュー ギヴ ミー ア ライド

「車に乗せてくれる？」

アメリカって道が広くて本当に走りやすいなぁ…

ブウゥゥン

あんなところにひとり歩きのお嬢さんが…

あっ ブウゥゥン

げっ くるっ

外国でのヒッチハイクは乗るほうだけではなく乗せるほうも危険である…

くっちゃくっちゃ…
Ah…

どこまで行くんだい？
ハーイお嬢さん
キッ

車に乗せてあげるよ
I'll give you a ride.
アイル ギヴ ユー ア ライド

みんな知ってる日本語なのに 英語で言えないあのフレーズ

No.73 「ズルい」
"cheater"

"Cheater!"
チーター

「ズルいぞ!」

解説

①: インチキをした人を罵るフレーズです。

②: 「cheat」は、「騙す、欺く」という意味の動詞です。
また「cheating」となると、試験中の「カンニング」を意味することになります。

③: 「play」に「er」が付くと、「pleyer(プレイヤー：プレイする人)」となるように、「cheat」に「er」が付いて「cheater(騙す人＝ズルい人)」となるわけです。

発展

この他、以下のようにも表現できます。

"That's not fair!"
ダッツ ノット フェア

「それは公平じゃない!」
(ズルいぞ!)

最近ニューヨークで話題のとんこつラーメン屋に並んでみた

大した人気だな…

ザワザワ ワイワイ

ヘイ！ちょっと入れてくれ！

場所あけろ！

横入りだ！
後ろに並べよ！
何考えてんだ!?
そうよ！

ズルいぞ！
Cheater!
チーター

何だと!!

あ…

なぜ私はいつもこんなにタイミングが悪いのか…

ぴゅー
しまった

もう1度言ってみやがれ！

トラブルに巻き込まれ過ぎる元教師！の章

No.74 「つまりどういうこと?」
"Which means...?"

"Which means...?"
ウィッチ ミーンズ
「つまりどういうこと?」

解説

①：相手が言ったことに対して、「で?」とか、「それはどういう意味?」というふうに、話の詳しい内容を促すためのフレーズです。

②：「which」は「どちら」という意味の疑問詞が有名ですが、ここでは、関係代名詞として使われています。

③：直訳は、「それが意味するのは…?」です。

発展

同じ意味のことをもっと簡単に言いたければ、以下のように言ってもOKです。
なお、相手に尋ねているので、発音するときは「ソウ?(↗)」と、語尾を上げます。

"So?"
ソウ
「つまりどういうこと?」

電車の中で…

じー!

お前 いい匂いだな…香水は何をつけてるんだ?
くんくん

あの…何でしょうか?

その長い髪も真っ黒ツヤツヤでキレイだぞ

お前を見ているとハートがドキドキしてきちゃうぜ…

え?

つまりこういうことだ!
がば
だ!
どわ、

え〜と

つまりどういうこと?
Which means..?
ウィッチ ミーンズ

みんな知ってる日本語なのに　英語で言えないあのフレーズ

No.75 「責任者を出せ！」
"Who's in charge?"

"Who's in charge?"
フーズ　イン　チャージ
「責任者を出せ！」

解説

①：トラブルの場合などに、責任者と話がしたいときのフレーズです。

②：「in charge」は、「責任がある、担当している」といった意味の熟語です。

③：「who」は「誰？」という意味の疑問詞なので、直訳は、「責任があるのは誰ですか？」となります。

発展

「in charge」を使って「〜の担当です」と言いたければ、前置詞「of」を使って、以下のようになります。

"I'm in charge of publicity."
アイム　イン　チャージ　オヴ　パブリシティ
「私が宣伝担当だ」

もう長いこと日本に帰っていない私もすっかり外国の風景の一部になったようだ…

何だかホリも深くなった気がするし日本に帰ったらハーフと間違えられるかも…

おっ　良さげな店発見！

ここは会員専用クラブだ お前みたいな東洋人は違う店に行け

ヘイ　待ちな！

は？

さっさと失せろ！

オレが責任者だ

責任者を出せ！
Who's in charge?
フーズ　イン　チャージ

失敬な店だな！

外国に慣れたつもりでどこでも横柄な口をきくと災いを招く

OK

このバカを店の裏に連れていけ

トラブルに巻き込まれ過ぎる元教師！ の章

No.76 「借りができる」
"owe"

"I owe you one."
アイ オウ ユー ワン

「あなたにひとつ借りができた」

解説

①: 感謝の気持ちを表すときの言葉としては、まず「thank you」が思い浮かびますが、それ以外にも、このようなフレーズがあります。

②: 「owe A B」は、「AにBの借りがある」という意味です。「owe B to A」と言い換えることもできます。
これは、大学受験にも頻出の超重要熟語です。

発展

これを応用すると、以下のようなフレーズが作れます。

"I owe you my life."
アイ オウ ユー マイ ライフ

「君は命の恩人だ」

あと 靴と服も全部だ！

カバンと時計と有り金全部出しな！

あわわわ…

早くしろ！

オラオラ

ギラリ

ひとつ借りができましたね

I owe you one.
アイ オウ ユー ワン

ありがとう ありがとう

おいてめえら何してる？

ザッ…

目障りだ失せろ！

OK OK!!

サッ

わっ銃持ってやがる！

腹を空かせたライオンがハイエナの群れを追い払っただけだった…

お礼はもういいからさっさと金を出せ

ぐりぐり

う…

みんな知ってる日本語なのに 英語で言えないあのフレーズ

No.77 「そんなつもりじゃなかった」
"I didn't mean it."

"I didn't mean it."
アイ ディドゥント ミーニッ

「そんなつもりじゃなかったんだ」

解説

①: 何かマズいことをしでかしたときに、「ごめんなさい」の後に付け足すフレーズです。
これを言うと言わないとでは、相手の怒り方がずいぶん違うので、ぜひ覚えておきたい表現だと言えます。

②: 「mean」は、「意味する」という意味の動詞なので、直訳は、「私はそれを意味しなかった」となります。

発展

関係代名詞の「what」を使って、ほぼ同じ意味のことが言えます。

"That's not What I meant."
ダッツ ノット ワライメント

「それは私が意味したことではない」

久しぶりに会った知人のジュリアは子どもを産んで少しふっくらした印象だった

「久しぶり！ちょっと太った？」
「ハア？」

「え？ えーとちょっとだけ体重が増えたのかな…って」
「ハア？」

「今 何て言ったの!?」

「そんなつもりじゃなかったんだ… I didn't mean it.」
「あ いやでも太ったとかそういう意味じゃなくて… あの」
「イヤイヤ」

外国人の女性に対して「太った」と言うことは真っ直ぐに顔を見つめて「あなたは今まで見たことがないくらいの恐ろしいブスです」と言い放つのと同じである

「今まで言ったすべての言葉を撤回する気はある!?」
「はい」
「じゃあ まず謝罪して!!」
「めっちゃコワイ」

96

トラブルに巻き込まれ過ぎる元教師！の章

No.78 「私のものだ」
"It belongs to me."

"It belongs to me."
イッ ビロングズ トゥ ミー
「私のものだ」

解説

①：自分の所有物であることを、相手に伝えるフレーズです。

②：「belong to ～」は、「～に所属している」という意味ですが、このまま使うと日本語訳が硬すぎて何を言っているのかよく分からないので、「それは私に所属しています」→「それは私のものです」と意訳しているのです。

発展

「belong」を使って、以下のようなちょっとカッコいい表現もできます。

"I belong here."
アイ ビロング ヒア
「ここがオレにお似合いの場所なんだ」
(直訳:「私はここに所属している」)

アメリカのさびれた地方都市…

このあたりはガイドブックにもあまり詳しく書いてないからよく分からないな…

SAVE DETROIT

それは私のです
It belongs to me!
イッ ビロングズ トゥ ミー

あっ
がっ

外国ではスキを見せた時点でもうすでに負けである

Go away!
Go!!
ハイ、それはあなたのカバンです…
Mine!!

※ただし強盗には逆らわないのが鉄則なのでこれは極めて賢明な対応である

オレのだ!
カッ
オレのものだ!!

みんな知ってる日本語なのに 英語で言えないあのフレーズ

No.79 「残念!」
"What a shame!"

"What a shame!"
ワラ シェイム

「残念!」

解説

①: これは感嘆文なので「what」は疑問詞の「何?」ではなく、「何と〜なんだ!」という感嘆の意味になります。

②: なお、感嘆文には、以下の2パターンがあります。
・What + 名詞!
・How + 形容詞 or 副詞!
訳はどちらも同じで、「何て〜なんだ!」です。

（例）what a shame!
　　　何て残念なんだ! →名詞

　　　How cute!
　　　何て可愛いんだ! →形容詞

発展

以下のように言っても、同じ意味です。

"Too bad!"
トゥ バッド

「残念!」

トラブルに巻き込まれ過ぎる元教師！ の章

No.80 「やっぱりね」
"That's what I thought."

"That's what I
 ダッツ　ワライ
 thought."
　　ソート

「やっぱりね」

解説

①:「思った通りだよ」など、自分が予見していた旨を相手に伝えるフレーズです。

②この「what」は「何？」という意味の疑問詞ではなく関係代名詞なので、「what 〜」で、「〜こと(もの)」という意味になります。

（例）what he wants
　　　彼がほしいもの

③: 直訳は「それは私が思ったことです」となります。

発展

以下のように言っても、同じ意味です。

"I knew it."
 アイ　ニュー　イッ

「やっぱりね」

街から遠く離れた人気のない草原にやって来た

何とも荒涼たる眺めだなぁ…

ひゅううううう

物音に振り向くと若い女の子が立っていた

カサ…

…？こんな寂しい場所で何をしてるんだろ？

ここは 若いお嬢さんがひとりで来るような場所じゃないですよ 危険な犯罪にでも巻き込まれたら大変だし…

あの…

ゴチャゴチャ言ってないでそのカバンをよこしな！

あぁ！

やっぱりね…
That's what I thought...
ダッツ ワライ ソート

Hands up!!

美人薄命

コラム 英語では表現しにくい日本語

日本の文化的・習慣的背景に基づいて使われる日常表現は、そのほとんどが英語に翻訳しにくいものばかりです。

そんな、「英語では表現しにくい日本語」の中から、私が特に気になっている3つをここで取り上げたいと思います。

① 「いただきます／ごちそうさま」：どうやら、日本語の「いただきます」という言葉は、「他の生き物の命をいただく」ことからきているそうですが、だからといって、これをそのまま英語で言ってしまうとかなり衝撃的で、「お前は悪魔か？」と突っ込まれかねません。

そもそも、英語圏にはこのような考え方がないのですから、もし「いただきます」を言いたいならば、いっそニュアンスを変えて、食事に対する感謝の気持ちを表すのが良いかと思います。

例えば、**「これは美味しそうですね！ (It looks very good!)」**などがオススメです。

同じ理由が「ごちそうさま」にもあてはまりますので、食事後には、**「素晴らしい食事をありがとう！ (Thank you for such a nice meal!)」**ぐらい言っておけば、言う側も言われる側も双方満足で一件落着となるはずです。

② 「お疲れさま」：日本のビジネスシーンで頻繁に耳にする不思議な言葉です。

かくいう私も仕事先では、「こんにちは」の代わりに「お疲れさまです」、「ありがとう」の代わりに「お疲れさまです」、そして、「お先に失礼します」と、1日のうちに少なくとも数

コラム

では、この便利な言葉を英語では何と言うのか——答えは、残念ながら「そんなものありません」です。そ
れぞれの状況に合わせた言葉を言うしかないのです。

つまり、「こんにちは」は「Hello」、「ありがとう」は「Thank you」、「お先に失礼します」は「Good bye」ですね。
ちなみに、何か大変な仕事を成し遂げた人に対して、本当の意味で「お疲れ！」と言いたいときには、
「Good job!」を使います。

③「平常心」：私の趣味は武道ですが、日本の道場には、ときどき日本かぶれの勘違い外国人がやって来ます。
数多く見てきた勘違い外国人修行者の中でも一番すさまじかったのは、なぎなたを修行中の中年アメリカ人
男性でした。
日本のニンジャとサムライを愛する彼は、アメリカ人の典型とはかけ離れた常にシリアスな性格で、冗談も
まるで通じません。
そんな彼が、ある日の稽古中に相手が振り下ろした木刀を顔面で受け、卒倒してしまいました。そして、1
分後に怒りで顔を真っ赤にした彼は、立ち上がりながら血まみれの顔で叫んだのです。

「ヘイジョウシン！」

彼の中で、「平常心」はいったいどういった言葉として解釈されていたのでしょうか……。
おそらく、「怒りを鎮める」とかそういった感じで使っていたのでしょうが、全くの謎です。

101

恋多きバツイチ美魔女は海外でもモテモテ！の章

妻帯者の部長との不倫がバレて追い出されるように会社を退職したのはつい先週のことだ

壇みつ子 (40)

バツイチ女性。
上司との不倫がバレたことがきっかけで、会社を辞めることになり、あてのない外国旅行へ旅立つ。
短大時代に1年間のカナダ留学経験があるので、日常会話程度は困らないレベル。

I wanna go somewhere.

今は実家には帰りたくないしかといって特別やりたい仕事もない

そうだ…

外国にでも行こうかしら

そうと決まれば…
ピッ
ピッ

あ もしもし
お元気？
あたしだけど…

電話の相手は元 不倫相手の男だ

102

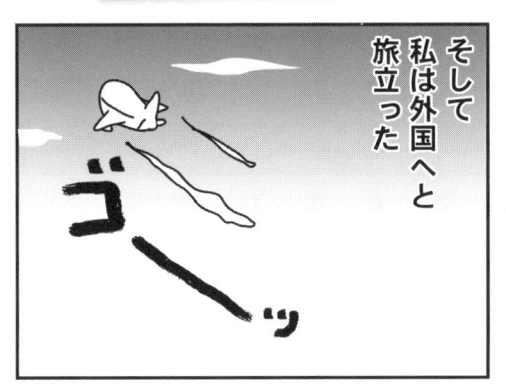

誰かさんと不倫してあたしだけ会社を辞めさせられたからヒマじゃない？それで傷心旅行にでも行こうと思うの…

でねあたし旅費が必要なの

え、金額？

そうねえ500万円くらい？

万が一旅費の都合がつかなくて傷心旅行に行けなくなったりしたらあたし成城7丁目にあるあなたの白いおうちの前に座り込んで毎日カップのお酒とか飲んじゃうかもしれないわ

だって他に何にもやることがないんだもん…ウフフフ

2日後

500万とはいかなかったけどこれだけあればしばらく海外で豪遊できるわね…

うふふ

そして私は外国へと旅立った

ゴーッ

みんな知ってる日本語なのに　英語で言えないあのフレーズ

No.81 「いろいろあってね」
"It's a long story."

"It's a long story."
イッツ ア ロング ストーリィ
「いろいろあってね」

解説

①：相手に、詳しく聞いてほしくないときのフレーズです。

②：直訳は、「それは長い話です」となりますが、これには裏の意味があります。
すなわち、「長い話です」というのは、「長い話だし、話したくないから、もうこれ以上は聞かないでください」と言っているのと同じことになるのです。

発展

もっと端的に言いたければ、以下のような表現があります。

"Don't ask me."
ドウント アスク ミー

「聞くな」

ステキなパブではステキな出会いがあるものだ

結婚はしてるの？

なるほど　じゃあ優雅なひとり旅というわけだね

ううん　大分前に離婚しちゃったわ…

へえ…何が原因で離婚したんだい？

いろいろあったんだけどね
It's a long story.
イッツ ア ロング ストーリィ

アー…

えっ　それだけ？その先の質問は？

….

OK

常識のある大人ならこの一言で質問をやめてしまうのが普通である

恋多きバツイチ美魔女は海外でもモテモテ！の章

No.82 「甘党」
"sweet tooth"

"I have a sweet tooth."
アイ ハヴァ スウィートゥース

「私は甘党だ」

解説

①：ズバリ、日本語の「甘党です」に相当するフレーズです。

②：「tooth」は、「歯」という意味ですが、その他に、「好み」という意味もあります。

③：この「甘党です」という表現には「I don't drink（私はお酒を飲まないのです）」という意味を含めて使うこともあります。

発展

より強く、甘いものが好きで好きでたまらないという場合には、以下のフレーズでOKです。

"I'm a sweets junkie."
アイマ スウィーツ ジャンキィ

「私は甘いものがとても好きだ」

今私はポルトガルにいる

お腹が空いたわ…

適当にメニューを指さしたら…

えーと…これとこれとあとこれね

Sim Sim

まるでコントのようにコントに相当甘そうなものばかり来た

何でこうなるの？

…見るからに全部が全部お砂糖たっぷり油たっぷりね

当たり前と言えば当たり前だがメニューが全部ポルトガル語で全く意味不明だったので

えーと…

甘党なのよ
I have a sweet tooth.
アイ ハヴァ スウィートゥース

ちっ

何か文句あるの？

ジー

みんな知ってる日本語なのに 英語で言えないあのフレーズ

No.83 「どいて!」
"Make way!"

"Make way!"
メイク ウェイ

「どいて!」

解説

①: 道をあけてほしいときのフレーズです。

②: 「make」は、「作る」という意味の動詞で、「way」は、「道、方法」という意味の名詞なので、「make way」では、「道を作る」、つまり「道をあける」→「どく」となるわけです。

発展

「てめえ、どきやがれ!」くらいに強く言いたければ、以下のような言い方もあります。

"Get out of
ゲッ アウロゥ
my way"
マイ ウェイ

「私の道から出ていけ!」
↓
「どけ!」

海沿いの小さな田舎町

どいて!!
Make way!!
メイク ウェイ

ちょっとそこ!

あー!!ちびりそう!
やばい
どうしよう!?
やばい
やばーい
外国の田舎町には公衆便所なんかない

106

恋多きバツイチ美魔女は海外でもモテモテ！ の章

No.84 「悪気はない」
"No offense."

"No offense."
ノウ　オフェンス

「悪気はない」

解説

①：意図せず相手に不快な思いをさせてしまったときに、「あ、今のは悪気はなかったんですよ」と、念を押すフレーズです。

②：「offense」は、「攻撃、侮辱など人を立腹させるもの」という意味の名詞です。

発展

ちなみに、このフレーズに対しては、以下のように返すのが一般的です。

"None taken."
ナン　テイクン

「気にしてないよ」

とあるバーでアメリカ人男性が話しかけてきた

日本の女性から見てアメリカ人の男性はいかがですか？

そうねえ 陽気なのはいいんだけど 大雑把というか 適当というか 全部が大味でちょっとね…

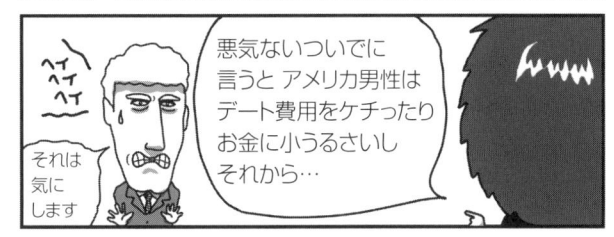

あ…

悪気はないのよ
No offense.
ノウ オフェンス

気にしてませんよ
None taken.
ナン テイクン

悪気ないついでに言うとアメリカ男性はデート費用をケチったりお金に小うるさいしそれから…

ヘイヘイヘイ

それは気にします

みんな知ってる日本語なのに 英語で言えないあのフレーズ

No.85 「イジワル」
"You are so mean."

"You are so mean."
ユー アー ソウ ミーン

「イジワル」

解説

①:「あなたはイジワルですね」と、軽く言うときのフレーズです。

②:「mean」は、「意味する」という意味の動詞もありますが、ここでは、「イジワルな」という意味の形容詞として使われています。
また、「so」は、「とても」という強調の副詞です。

③:「mean」の変わりに「unkind（不親切な）」という形容詞を使っても同じ意味になります。

発展

イジワルをしてほしくなければ、以下のように言えばいいでしょう。

"Don't be so mean(unkind)."
ドウント ビー ソウ ミーン アンカインド

「そんなにイジワルしないで」

恋多きバツイチ美魔女は海外でもモテモテ！の章

No.86 「大体合ってる」
"Sounds about right."

"Sounds about right."
サウンズ アバウト ゥライト
「大体合ってる」

解説

①：はっきり「そうです」と答えたくないときなどに、「まあ、そんな感じですね」と、曖昧にぼかす便利なフレーズです。

②：「sound」は、「〜のように聞こえる」という意味の動詞で、「about」は、「大体」という意味の前置詞、そして「right」は、「正しい」という形容詞です。
これらを全部つなげた直訳は、「それは大体正しいように聞こえます」となります。

発展

はっきり肯定したいときは、以下のように言います。

"That' right."
ダッツ ゥライト
「そうだよ」

最近は公園のベンチに座って読書をするのがお気に入り

あの〜…隣に座ってもいいかな？

どーぞ…

君は最近よくこのベンチで読書をしているね

大体そんなところね

読書が好きみたいだけどそれは詩集かい？

大体そんなところね
Sounds about right.
サウンズ アバウト ゥライト

読書中は たとえ何を聞かれようとも「大体そんなところ」以外 答える気はない

実は僕も読書好きなんだ

大体そんなところね

良かったら今度食事でもどうかな？

大体そんなところね

No.87 「全力を尽くす」
"I'll do the best I can."

"I'll do the best I can."
アイル ドゥ ダ ベスト アイ ケン

「全力を尽くす」

解説

①：最大限の努力を誓うときのフレーズです。

②：「best」は、「good」の最上級で、「最も良い」という意味の形容詞です。

③：「the best」と「I can」の間には、関係代名詞の「that」が省略されており、「can」の後には、「do（する）」が省略されていると考えられます。
したがって、直訳は「私は私にできる最良のことをするつもりです」となります。

発展

より単純に、以下のように言ってもOKです。

"I'll do my best."
アイル ドゥ マイ ベスト

「全力を尽くす」

ちょっとそこのあなた 助けてちょうだい！

Come over here

ひもをとけばいいのね？ まかせて

本当にイラつくクツひもだわ

靴のひもが絡まっちゃってほどけないのよ！

まったくもう!!

そんなに短気を起こさないで

全力を尽くすわ
I'll do the best I can.
アイル ドゥ ダ ベスト アイ ケン

10分後…

ちょっと大丈夫なの？早く何とかしてほしいんだけど！

まだなの？

とれないわ

あーもうムカつくくつひもにムカつくババアね!!

もうこんなひも切っちゃえば!?

恋多きバツイチ美魔女は海外でもモテモテ！ の章

No.88 「酔っぱらう」
"tipsy"

"I'm tipsy."
アイム ティプスィ

「酔っ払った」

解説

①：少しお酒に酔ったときに使うフレーズです。

②：「酔った」は、「drunk」という形容詞が有名ですが、これは本格的に酔った状態のことを指すのであって、ほろ酔い程度ならば「tipsy」を使うのが普通です。
ただし、「そんな可愛い表現が使えるか！」という硬派な男性向きの「a little drunk」という表現もあります。

③：「drunk」を超えて、使い物にならないくらい泥酔しているときは「wasted（酩酊状態の）」という形容詞を使います。

発展

ちなみに、「シラフ」のときには、以下のように言います。

"I'm sober."
アイム ソウバー

「私はシラフだ」

知人宅のパーティで…

あっカッコいい…

アタックしちゃえ！
ウキウキ

ねえ
酔っぱらっちゃった
I'm tipsy.
アイム ティプスィ
二人で外の風に当たらない？

ストレートな誘い方だけど僕はゲイだから効かないよ
フフフ
…

どうしてそんなにハンサムなのにゲイなの！？
えっ！

ハンサムだからゲイなのさ決まってるじゃないか

ハンサムはみんなゲイなの？
え、なに？ぜんぜんわかんない…

みんな知ってる日本語なのに 英語で言えないあのフレーズ

No.89 「気にしないで」
"Never mind."

"Never mind."
ネヴァ　マインド

「気にしないで」

解説

①：本当はムカついていても、グッとこらえて、「どうぞお気になさらずに」と、穏便に事を収めたいときのフレーズです。

②：「mind」は、名詞で「心、精神」といった意味ですが、ここでは「気にする」という意味の動詞で使われています。

③：「Never mind～」の「～」の部分に名詞を入れると、「～のことは気にしないでください」という表現になります。

発展

「never」の代わりに「don't」を使うと、「Don't mind（ドウントマインド）」となり、意味も同じですが、この発音が訛って日本語化して、「ドンマイ」となったようです。

"Don't mind."
ドウント　マインド

「気にしないで」

まあいいめ…

今日はいいお天気だから外でランチにしよっと

あ!!
Oops!
サンドイッチが…!
ぐっちゃ
Sorry!!
‥‥

私のサンドイッチのことは気にしないで
Never mind my sandwiches.
ネヴァ マインド マイ サンドウィッチズ

It's OK ‥‥
OK OK

本当ですか…?

でも 顔がものすごく怒ってますよ…

そう?

恋多きバツイチ美魔女は海外でもモテモテ！ の章

No.90 「花粉症」
"hay fever"

"I have hay fever."
アイ ハヴ ヘイ フィーヴァー

「私は花粉症だ」

解説

①: 一般的には「hay fever」という語が「花粉症」と訳されます。より直接的に、「pollen allergy（花粉アレルギー→花粉症）」と言っても構いません。

②: 花粉症がひどいときは、以下のように言うといいでしょう。
（例）I'm suffering from hay fever.（花粉症に悩まされています）

発展

もっと詳しく、「スギ花粉アレルギーなのです」と伝えたければ、以下のように言います。

"I'm allergic to cedar pollen."
アイム アレジック トゥ スィーダー ポラン

「私はスギ花粉アレルギーだ」

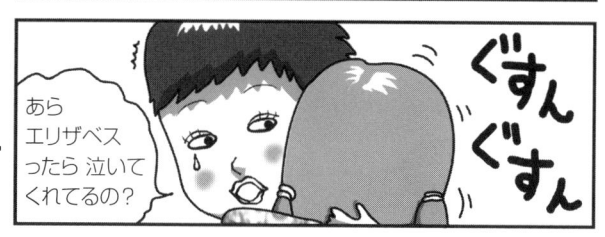

カナダで2ヶ月間もお世話になった知人宅を発つ日

「本当にいろいろお世話になったわ…」

「次回カナダに来たときも必ず遊びにおいでね」

「さよなら エリザベス 元気でね」
ぎゅっ
ひしっ

「あら エリザベスったら 泣いてくれてるの？」
ぐすん ぐすん

「花粉症なのよ
I have hay fever.
アイ ハヴ ヘイ フィーヴァー」

「あっ そう」
「聞くんじゃなかったわ…」
「にしても ムカつくガキね」
Don't flatter yourself.

みんな知ってる日本語なのに 英語で言えないあのフレーズ

No.91 「じゃあこうしよう」
"I'll tell you what."

"I'll tell you what."
アイル テル ユー ワッ

「じゃあこうしよう」

解説

①: 軽く「う〜んとね、じゃあこうしようよ！」という感じで、相手に何か条件などを提示する前に言うフレーズです。

②: 直訳すると、「あなたに何（をすべきか）を教えましょう」となります。
ただ、あまり難しく考えず、丸ごと暗記してしまうほうがいいでしょう。

発展

以下のように言っても、同じ意味です。

"I've got an idea."
アイヴ ガッ アナイディア

「じゃあこうしよう」

路上の物売りとの値段交渉は意外と楽しい

これいくら？

それは特別製だから100ディルハムでどうだ？

高いわ10でどう？

バカ言え！90！

15でどう？

今晩 君が私の家に泊まって私にいいことをしてくれたら50ディルハムにまけてやるからそれでどうだ？

OK?

じゃあこうしよう
I'll tell you what.
アイル テル ユー ワッ

Alright

？

久しぶりにマジで頭に来たわ
がんなくよ

…てことは私の身体の値段は50ディルハム（約600円）ってこと？

恋多きバツイチ美魔女は海外でもモテモテ！ の章

No.92 「臭っ!」
"That smells!"

"That smells!"
ダッ　スメルズ

「臭っ!」

解説

①：ひどい匂いをかいだとき、思わず出るフレーズです。

②：「smell」は、「匂いがする」という意味の動詞ですが、単独で使うと、「匂いが臭い」という意味になります。

発展

より、「臭い」ということをはっきりさせるために、以下のようにも言えます（ちなみに、「smell」の代わりに、「stink（スティンク）」という動詞を使うと、「ムチャクチャ臭い」となります）。

"It smells bad."
イッ　スメルズ　バッド

「ひどい匂いがする」

一方、「いい匂いがする」でも、「smell」は使えます。

"It smells good."
イッ　スメルズ　グッド

「いい匂いがする」

友人のパーティに招かれた際その人の家の冷蔵庫をのぞいていたら…

でっかい冷蔵庫ね

あら…この容器は何かしら？

パカ

臭っ…!
That Smells!
ダッ スメルズ

ぐっ…

ねえ！何これ？
臭いわよ!!

ん？
何これ？

ぷ〜ん

一般に欧米人はあまり鼻が利かないように思う…

私が食べてもいいくらいだわ

おえっ

え？ウソ
これ ジョリーンのご飯なのよ
いい匂いじゃない

ジョリーンはこいつ↓

くんくん

じゃ食べれば？

ハッハッハッ

わんっ

No.93 「だよね」
"You can say that again."

"You can say that again."
ユー ケン セイ ダッ アゲン
「だよね」

解説

①: 軽く同意のあいづちを打つときのフレーズです。

②: 直訳すると、「あなたはもう1度それを言ってもいいですよ」となりますが、本当にもう1度言えと言っているのではなく、相手の言ったことに対して、「本当にそうですよね〜」とあいづちを打っているに過ぎません。
ひとつのセリフとして覚えてしまうのが便利です。

発展

これと同じような意味で、また、同じくらい変わった言い回しが、以下の表現です。

"Tell me about it."
テル ミー アバウリット
「それについて私に教えて」
「だよね」

道を歩いているとどこからか野球のボールが飛んできて通行人（男性）の股間にクリーンヒットした

アウ
ビスッ

女のてめえにこの痛みが分かってたまるか！
大丈夫なわけねーだろこのバカ女!!

あの大丈夫ですか…？

わー痛そう…
うわ・・

だよね〜
You can say that again.
ユー ケン セイ ダッ アゲン
そりゃそーだね
ムカ

ああよかった女に生まれて
それじゃがんばってね〜
ウウゥゥ

恋多きバツイチ美魔女は海外でもモテモテ！の章

No.94 「〜によろしく」
"Say hello to~ for me."

"Say hello to~ for me."
セイ ハロウ トゥ フォー ミー
「〜によろしく」

解説

①: その場にいない人への挨拶をことづけるときのフレーズです。この他にも言い方はありますが、軽く言うならこの程度でいいでしょう。「hello」の部分を「hi（ハーイ）」に変えるとさらに軽くなります。

②: 知らない人への（特に相手方の家族への）挨拶は、日本独特の社交辞令であって、これをそのまま外国でやると、「何であなたが私の家族と知り合いなの？」という感じで驚かれたりします。
よほど話題に上っていたとか、そんな事情がない限り、相手方の（会ったことのない）家族への挨拶を頼むことは基本的にはないようです。個を単位とする欧米と、家を単位とする日本との大きな違いだと言えるでしょう。

発展

もう少し丁寧に言いたければ、以下のような表現があります。

"Please give my best regards to~"
プリーズ ギヴ マイ ベスト ゥリガーズ トゥ
「〜によろしく」

こんなに遠くまで乗せてくれてありがとう

じゃあ気をつけてね

ご家族によろしくね
Say hello to your family for me.
セイ ハロウ トゥ ヨー ファミリ フォー ミー

ヒッチハイクをしたら気さくなおばさんがかなりの距離を乗せてくれた

え？えーとつまりそれは…

いったいなぜあなたが私の家族に挨拶するの？

なぜ？

は？

あの〜

なぜ？

あなたは私の家族と知り合いなの？

知らない人にどうして挨拶するの？

いや、日本ではとりあえずそんなふうに言うし

あー何なのコレ？

いいえ

困ったなあ…

「常識が違う」ということはお互いに自分の言っていることが相手に全く通じないということである

みんな知ってる日本語なのに 英語で言えないあのフレーズ

No.95 「超迷惑!」
"What a nuisance!"

"What a nuisance!"
ワラ ニュースンス
「超迷惑!」

解説

①:「すごく迷惑!」と吐き捨てるように言う、イラ立ちのフレーズです。

②:「nuisance」は、そのものズバリ、「迷惑」という意味の名詞です。

③: 文頭の「what」は、お馴染みの疑問詞「何?」ではなく、感嘆文に付ける「what」なので、「何て〜なの!」という意味になります。直訳は「何て迷惑なの!」です。

発展

以下のように言っても、ほぼ同じ意味です。

"It's such a nuisance."
イッツ サッチア ニュースンス
「とても迷惑だ」

(コマ1) ああ のどかな春の午後ね…

(コマ2) バタバタドタドタ ササバサバサ

(コマ3) 超迷惑! What a nuisance! ワラ ニュースンス / なにあのバカ男

(コマ4) まあ、そんなに迷惑ってわけでもないかしら / 美形だし♡ / くるっ ニコッ あっ

118

恋多きバツイチ美魔女は海外でもモテモテ！ の章

No.96 「ごくたまに」
"once in a blue moon"

"once in a blue moon"
ワンス　インナ　ブルー　ムーン

「ごくたまに」

解説

①：頻度が少ないことを表すフレーズです。

②：夜空に浮かんだ「blue moon（青い月）」がごく稀にしか見られないことから、できた言葉だそうです。とても美しい表現だと言えるでしょう。
（例）It only happens once in a blue moon.（それはごくたまにしか起こらないことです）

発展

普通に「たまにね」と言いたければ、以下の表現で十分です。

"Sometimes."
サムタイムズ

「ときどきね」

あたしは旅行中お酒をおごられることが多い

PUB

それは僕のおごりです
あらありがとう
ここにはよく来るのですか？
チラ
ウフフ

ごくたまにね
Once in a blue moon.
ワンス インナ ブルー ムーン
フフフ
ホウ♡

旅行中ふらりと寄っただけなので、もう来ない

この次はいつ来ますか？
さあ…？気長に待ってて
もう1杯おごったら明日もここで会えますか？
それはどうかしら…
フフフ

みんな知ってる日本語なのに　英語で言えないあのフレーズ

No.97 「関係ないだろ」
"None of own business."

"None of your business."
ナノブ ヨー ビズネス
「関係ないだろ」

解説

①：「あなたには何の関係もないでしょう！ほっといて」と、他人の干渉を強く拒絶するときのフレーズです。

②：「none」は、「全く〜ない」という意味の代名詞です。
そして「business」は、広い意味で「用事、関わりごと」という名詞なので、直訳は、「全くあなたの用事ではない」となります。

発展

以下のように言っても、同じ意味です。

"Mind your own business"
マインジョー オウン ビズネス
「関係ないだろ」

女にはわけも分からずムシャクシャするときがある

お嬢さん背中にケチャップがついて…

※ケチャップ強盗（背後からケチャップなどをかけて相手が驚いているスキにカバンや財布を奪う手口）

関係ないでしょ
None of your business!
ナノブ ヨー ビズネス

今日は特に機嫌が悪い

どっか行って!!

ケチャップとかそんなのどーだっていいじゃないのよ!!

恋多きバツイチ美魔女は海外でもモテモテ！の章

No.98 「不味い」
"It's awful."

"It's awful."
イッツ　オーフル

「不味い」

解説

①：飲食したものが美味しければ「delicious」ですが、逆に、ひどい味だったときはこのフレーズを使います。

②：「awful」は、「とてもひどい」という強烈なマイナスを表す形容詞です。
よって、これを料理の味の評価に使うと、「あまり美味しくない」というより、もっと積極的に、「不味い」となるのです。

発展

以下は、意外と知られていない、味や食感に関する表現の一覧です。

- salty：塩辛い
- sour：酸っぱい
- mushy：ドロドロに柔らかい
- fishy：生臭い
- oily：油っぽい
- greasy：脂っこい
- crisp(crispy)：カリカリした
- chewy：噛みごたえがある

コマ内テキスト：

旅の途中で知り合った一家に夕食に呼ばれてやって来た

ここね

正直な感想を聞かせてくれたまえ

おいしそうね

久しぶりにお料理を作ったの美味しくできてるといいんだけど…

いただきまーす

ぱく

確かアメリカ人は良いも悪いもちゃんと口に出して表現する国民だったわね

てことは日本でやるように建前と本音を使い分けちゃ失礼よね…

もぐもぐ

というわけで…

不味い
It's awful.
NO!!

くっちゃくっちゃ

その後とても静かなディナーになったことは言うまでもありません

みんな知ってる日本語なのに 英語で言えないあのフレーズ

No.99 「シカト」
"ignore"

"I ignored."
アイ イグノァド

「シカトした」

解説

①：「ignore」は、「無視する」という意味の動詞です。

②：似た単語に「neglect（ネグレクト）」というものがありますが、これは、「本来やるべきことを無視してやらない」、つまり、「怠る」という意味なので「ignore」とは、少々異なります。

発展

「シカト」とまではいかないにしても、「〜に冷たい態度をとる」と言いたければ、以下のような表現があります。

"I gave him the cold shoulder."
アイ ゲイヴィム ダ コウルド ショウルダー

「私は彼に冷たくした」

南米のある田舎町で旅行中のスイス人学生たちと知り合いになった

この国は危険だって聞いてるけど実際どうなの？

ここはとてつもなく危険な国よ

この前も気持ちの悪い男が暗がりから突然飛び出してきて「Help me!」って私に叫んだの！

それでどうしたの？

シカトしたわ
I ignored.
アイ イヴノァド

だって、あたしはそんなアヤナイ誘いに乗るほど甘ちゃんじゃないのよってね

でも それって本当に助けを求めてたんじゃない？

…そうかしら
全く考えもしなかったわ

えっ？

122

恋多きバツイチ美魔女は海外でもモテモテ！の章

No.100 「ひとりきり」
"all by myself"

"I'm all by myself."
アイム オール バイ マイセルフ

「ひとりきりだ」

解説

①: ひとりきりで、他に誰もいないというフレーズです。

②: 「by oneself」は、「ひとりで」という意味の熟語です。そこに「all」が付くと、「ひとり」の意味が強調されます。

③: この「by oneself」の代わりに「alone」を使っても同じ意味になります。

発展

似た表現に「lonely」がありますが、これを使うと、「ひとりで寂しい」感が出て、ニュアンスが多少変わります。

"I'm lonely."
アイム ロウンリィ

「私は孤独だ」

静かな異国の夜がふけて…

IRISH PUB

失礼おひとりですか？

いや、なにボクはひとりなんでね

私はひとりきりよ
I'm all by myself.
アイム オール バイ マイセルフ
Yes

ひとりを楽しみたい夜もある

ひとりだからって寂しいわけじゃないの
No

じゃご一緒しても…

コラム　日本語では表現しにくい英語

先のコラムで、「英語では表現しにくい日本語」について述べましたが、今度はその逆で、しっくりくる日本語訳が見つかりにくい英語のフレーズを取り上げたいと思います。

ただし、文化の違いからこれもやはり多数存在しますので、ここでは、英語では頻出なのに日本語訳しにくい代表的な2つの表現を紹介したいと思います。

① 「miss you」：ここで言う「miss」という単語は、手元にある辞書には「〜の不在に気づく／〜がいないのを寂しく思う」という動詞であると書いてあります。

これを使った例文の代表が、歌の歌詞などでよく耳にする「I miss you」というフレーズですね。

日本語にすると「あなたがいなくて寂しい」です。

しかし現実的には、日本語がベースの生活だと、この言葉をそのまま使う場面が訪れることは非常に稀なのではないかと思います。何より、このフレーズは、日本人的にはこっぱずかしく思えてしまうのではないでしょうか。

実際、中学の英語の時間にこの単語を習った15歳の私は、こんなセリフを一体どこで使うんだ？と本気で悩んだものです。

しかし、それから5年後、私はなぜかイギリスの大学にいたのですが、チャンスは唐突にやって来ました。同じ寮で暮らしていたスペイン人の女の子が、大学でのコースを終えてスペインに帰るというのです。

イギリス生活も半年が過ぎて、英語にそこそこ慣れていた私は「ここだ！」と思い、彼女に対して、「I'm gonna miss you」と言ってみました。

コラム

すると、次の瞬間彼女の顔がパッと輝いて、抱擁されるわ熱いキスをされるわで、もう何が何だか分からないほどの大盤振る舞いを受けることができました。

それ以来、私はさよならのシーンでは必ず「I'm gonna miss you」と言うように私自身をしつけています。内心、いまだにしっくりこないのですが、私の経験上、**極めて効果的な言葉である**ことは間違いないようです。

ちなみに、このフレーズは異性間だけでなく、同性同士や親子間でも使われるようです（熱いキスをされても困るので私は男性には言いませんが）。

②「I'm sorry」：本職である予備校の授業で、私はよく生徒たちに「『I'm sorry』ってどういう意味か知ってる？」という質問をします。

すると、よほど勉強をしている生徒以外、ほとんどが「『ごめんなさい』です」と答えます。

確かに、これは「I'm sorry」の意味の1つではあるのですが、実は、「I'm sorry」は、「ごめんなさい」**だけではなく、「お気の毒です」や「残念です」など、マイナスの感情全般を広く表す言葉**なのです。

したがって、例えば友人から「うちのインコが昨夜死んでしまったの」と言われたときにも、「I'm sorry about that」などというふうに返せます。

ただし、これはもちろん「それについてはお気の毒です」という訳になることに注意が必要です。これを「それについてはごめんなさい」と訳してしまうと、まるで返事をした人がインコを殺した張本人であるかのように聞こえてしまうからです。

125

おわりに

いかがでしょう。楽しんでいただけましたでしょうか？

コラムでも書きましたが、そもそも、日本語と英語では背景にある文化が全く違うので、「日本語のこの表現は英語ではこれ！」といったように、両者を完全に合致させることは難しいのですが、なるべく近いものを選んだので、実用的なフレーズ集にはなっていると思います。

後は、細かい状況に応じて自分なりに修正したり、新しいフレーズを見つけ出していってください。そうすれば、よりスムーズに外国人たちと会話ができるようになり、お互いを分かり合え、その結果、真の世界平和へと結びつくのではないかと思います。

最後になりましたが、表紙や本文のレイアウトから登場人物の命名・設定、文章の校正など、英語マンガ描き以外のすべての緻密な作業を担当してくださった彩図社の本井編集長、北園さんをはじめとする全社員の方々、さらに一番の読者であり本音の辛口批評家でもあるワイフ、そして、この本を書くにあたり便宜を図ってくださったすべての方々に、この場をお借りして心よりお礼を申し上げます。

2014年8月　海東鷹也

【著者プロフィール】

海東 鷹也
(かいとう たかや)

1968年神戸生まれ。
早稲田大学卒業。在学中にイギリスとアメリカの大学に留学。
現在、都内の予備校で受験英語を教えるかたわら、コミック・エッセイストとしても活躍中。
ヨーロッパやアジア諸国で味わったさまざまな体験から、とにかく「英語は通じてナンボ」という達観に至る。
語学と武道とメダカの繁殖が、趣味であり特技でもある。
著書に「怪しい世界の歩き方」「海外では通じないおかしな〝日本人英語〟」「日本人がとっさに言えないこの英語」(すべてコミック・彩図社刊)などがある。

みんな知ってる日本語なのに英語で言えないあのフレーズ

2014年9月26日第1刷

著者　　海東鷹也
発行人　山田有司
発行所　株式会社　彩図社
　　　　〒170-0005
　　　　東京都豊島区南大塚3-24-4　MTビル
　　　　TEL 03-5985-8213　FAX 03-5985-8224
　　　　URL：http://www.saiz.co.jp
　　　　　　　http://saiz.co.jp/k（携帯サイト）→
　　　　Twitter：http://twitter.com/saiz_sha
印刷所　新灯印刷株式会社

©2014.Takaya Kaito printed in japan.　ISBN978-4-8013-0020-0 C0095
乱丁・落丁本はお取り替えいたします。
本書の無断複写・複製・転載を固く禁じます。